ادارة السلوك

الانساني والتنظيمي

ادارة السلوك الانساني والتنظيمي

تأليف

رائد يوسف الحاج

الطبعة الأولى

1429هـ-2009م

رقم الإيداع لدى المكتبة الوطنية (2008/8/3008)

158 .126
الحاج، رائد
إدارة السلوك الانساني والتنظيمي/ رائد يوسف
عمان: دار غيداء ، 2008
(   ) ص
ر:أ: (2008/8/3008)
الواصفات: السلوك/الشخصية//التنشئة الاجتماعية/
*تم اعداد بيانات الفهرسة والتصنيف الأولية من قبل دائرة المكتبة الوطنية

دار غيداء للنشر والتوزيع

تلاع العلي- شارع الملكة رانيا العبد الله
تلفاكس: 2043535 6 269 +
ص: ب: 520946 عمان 11152 الأردن

مجمع العساف التجاري - الطابق الأول
خلوي: 143 95667 7 692 +
E-mail:darghidaa@gmail.com

الفهرس

الفصل العاشر

الفصل الحادي عشر

الفصل الثاني عشر

المقدمة

منذ بداية الالفية الثالثة لم يعد تفسير السلوك الانساني يخضع لبعض المعتقدات الغيبية الخاطئة مثل علاقة سلوك الانسان بالنجوم أو الخطوط المرسومة على كفيه أو عدد حروف اسمه التي يلجأ اليها البعض في محاولات فاشلة لفهم السلوك الانساني وعلاجه.

ولعل من اهم ما يدفع الانسان الى تصديق الخرافات وتجاوز الظروف هو وبصورة فاضلة بين الشكل الخارجي للفرد وسلوكه وهذا ناتج عن عدم دراسة بالاسباب الحقيقة فهذا السلوك.

وثمة علاقة بين تكوين الجسم والسلوك حيث يتأثر سلوك الانسان بالحالات المختلفة التى توجد عليها أعضاؤه، الا أنه يجب التفرقة بين العلاقات الصحيحة بين الجسم والسلوك. أو العلاقات الوهمية التي قد يتوصل اليها البعض نتيجة لملاحظات عشوائية.

ولما كانت هذه العلاقة لا تلق تأييد أكبر. وجد أنه الظواهر النفسية.

وإذا كانت علاقة الجسم بالسلوك لم تلق ترجيحا كبيراً، فإن مجال الظواهر النفسية كان أشد تأثيرا في نمو بعض التفسيرات والتي كان يطلق عليها العوامل النفسية التي يعزى اليها أسباب السلوك لها تأثير أكبر في بعض التفسيرات أو ما يسمى وبالعوامل النفسية التي تعود اليها اسباب هذا السلوك.

والنشاط. ويعتمد هذا التفسير -بصفة أساسية-على أن الروح التي تعيش في جسد الانسان هي المسئولة عن السلوك وحركة وتصرفات الانسان. وليس من منطقي أن تستمر التفسيرات غير العلمية لأسباب السلوك

دون أن تساعدنا في النهاية على توجيه السلوك الانساني بالشكل الهادف والصحيح.

ونحن في هـذا الكتـاب المـتهم بالثقافـة السـلوكية والأداء الانسـاني بعـض المعـارف والمهارات والاتجاهـات السـلوكية الحديثـة والتي يمكـن الاسـتفادة بهـا في صيانة الشخصية الاجتماعية والادارية. ولذلك كان تركيزنا علـى تبسـيط وتركيـز المعلومـات ووضـعها في صـورة تسهل على القارئ تخزينها في ذاكرته واسترجاعها عندما يكون في حاجة اليها.

وأرجو أن يساهم هـذا الكتـاب، ضـمن سلسـلة كتـب تطويـر الأداء، في اثـراء المكتبـة العربية والقارئ العربي بما يحتاج اليه من المعارف والمهارات والاتجاهات والانسانية الحديثـة في مجال تطير الادارة العربية بوجه عام والموارد البشرية بوجه خاص.

المؤلف

الفصل الأول

السلوك الانساني المفهوم والأهمية

الفصل الأول

السلوك الانساني

المفهوم والأهمية

أولاً: التعريف

1. ما هو السلوك؟
2. لماذا ندرس السلوك؟
3. التفسير العلمي السلوكي.

ثانياً: الوراثه والسلوك والانسان

1. ما هية الوراثة؟
2. علاقة الوراثة بالسلوك الانساني.
3. علاقة المثيرون الاستجابة بالسلوك
4. الذكاء والوراثة والبيئة.

ثالثا: الاداء والسلوك الانساني

1. السلوك اللفظي والفعلى.
2. الفروق الفردية.
3. تكوين الشخصية.
4. سلوكيات الأفراد والتفاعل مع المؤلف.

رابعاً: الأداء والتحليل السلوكي

1. القوى الداخلية (القيم - الشخصية - العوامل الجسمية - الدوافع).
2. القوى الخارجية (البيئة الداخلية والخارجية).

أولاً: التعريف

1. ما هو السلوك؟

هناك علاقة وطيدة بين الكائن الحى بصفة عامة والانسان بصفة خاصة وبيئته تبدأ عملية التفاعل المستمر بينهم.

وهذا التفاعل المستمر دائماً يعتمد على أن البيئة لها تأثيراتها على الانسان، والعكس صحيح أي أن له تأثيره على البيئة، والنشاط الذي يصدر من الكائن الحى في أثناء عملية التفاعل هو ما نطلق عليه السلوك.

والسلوك ظاهرة متعلقة مازال يتنفس ويتحرك، ويتوقف عند الموت. ومن طبيعي أن يكون هذا واضحا أمامنا في الحركات والانفعالات والافرازات اللاارادية في جسم الكائن الحي، أو في حركاته الارادية الأخرى للسعى والحركة للتفاعل مع البيئة والاخرين في المجتمع.

وهناك لا بد لنا من أن غير بين نوعين من لكائنات وهما " الكائنات الحية وغير الحية" وقد تميزت الكائنات الحية عن غيرها بخواص معينة.

1. الخصائص البيولوجية: وهي التي يتعلق بالتزاوج والتكاثر والحركة والنمو والمرض والموت وهكذا.
2. الخصائص السلوكية: وهي التي تتعلق بالتصرف أو السلوك في البيئة المحيطة. وذلك في سبيل تأدية الوظائف الحيوية والبيولوجية.

وقد غير الانسان بوصفه كائنا حياً بالاضافة الى صفات خاصة مثل.

الادراك والانفعال، بالاضافة الى التفكير والتخيل والتذكر والاتصال والتعبير والارادة والفعل. ميزته من غيره من الكائنات الحية.

يرتبط بسلوك الانسان، فإننا لا نستطيع أن نفكر في هذا السلوك بعيداً عن النشاط السيكولوجي (التفسي) له. وحتى تستمر الحياة ويحافظ الكائن الحي على نوعه لا بد أن يقوم بنشاط يحقق له ذلك، وهو ما نطلق عليه السلوك.

ومن الجانب الفيسيولوجي يعتمد بقاء الانسان أو الكائن الحي على علاقته بالبيئة المحيطة به ومدى ما يتوافر له من مستلزمات التفاعل الفسيولوجي، كي يتنفس الهواء، ويحصل على الغذاء، وينمو، ويتحرك، ويتصرف أو يسلك الطريق الذي يحقق له الحياة، ويضاف الى ذلك السلوك الخاص بالتوافق مع البيئة المحيطة.

ومن هنا يمكن أن تتوصل في مقدم عام وشامل للسلوك وهو.

السلوك هو ذلك النشاط الذي يقوم به الكائن الحي نتيجة لعلاقته بظروف بيئية معينة، حيث يحاول باستمرار التطوير والتعديل في هذه الظروف، حتى يتحقة له البقاء واشباع حاجته. وهو سلسلة من الاختيارات بين مجموعة من الاستجابات الممكنة,

وهناك نوعان سلوك:

السلوك الفطري: وهو السلوك الموروث والذي لا يحتاج الى تعلم (الرضاعة –الصراخ– البكاء).

السلوك المكتسب: السلوك الذي يتعلمه الفرد نتيجة تفاعله مع البيئة المحيطة به، مثل القراءة والكتابة واللغات والمهارات

المختلفة التي يتعلمها الفرد. ويتأثر السلوك المكتسب بالقيم والعقائد والاتجاهات.

كما وتلعب العوامل البيئية المحيطة بالانسان دوراً كبيراً في تهيئة وتعديل السلوك الفطري، بحيث يكون مقبولاً من المجتمع المحيط. فالانسان يولد ولديه دوافعه الفطرية التي نشأ عليها في بداية حياته، والتي تتأثر بمرحلة النشأة الاجتماعية والأسرية ومرحلة التعليم بأشكاله وأنواعه المختلفة الرسمية وغير الرسمية في سلوكه.

2. لماذا ندرس السلوك.

الهدف الاساسي الذي يدفعنا الى دراسة سلوك الانسان هو الى إجابات لبعض الأسئلة المهمة التي تساعدنا على التعرف على العوامل المحركة والدافعة للسلوك لاحداث هذا العمل أو السلوك والاجابة عن السؤال التالي لماذا يبذل الانسان جهداً متميزاً في أداء عمل معين وتراخى في أداء عمل آخر؟ وكيف يمكن الادارة أن توفر الظروف المناسبة التي يمكن أن تعمل على اشباع حاجات العاملين بما لا يتعارض مع مبادئها وأهدافها؟

إن دراسة السلوك الانساني: تساعدنا في الوصول الى إجابات وإيضاحات نحن في حاجة اليها في مجال العمل على إدارة هذا السلوك، واستثمار إمكانات وطاقات الانسان بالصورة المناسبة لتحقيق اقصى قدر من الرضا والسعادة له.

ومن خلال دراستنا للسلوك الانساني تستطيع الاجابة عن بعض التساؤلات التي قد تطرح مثل: لماذا يختلف السلوك من شخص الى آخر ولماذا

يختلف سلوك الفرد أحيانا في تصرفات.وما علاقة هذا السلوك بالوراثه أو بالانتساب؟

فالسلوك الانساني: لم يعد ثابتاً لفترات طويلة كما كان يحدث في العقود السابقة حيث كانت حركة الاختراعات بطيئة، مما أدى الى تباعد المسافات بين الجيال وانتقال النسبة الكبرى من العادات والتقاليد من الجيل الأكبر الى الأصغر حيث كان التأثير الاجتماعي الداخلي هو الأكبر.

ومع سرعة حركة التغيير، والتأثير الكبير للتكنولوجيا والتقدم الصناعى في جميع المجالات تسارعت حركة التغيير وتقارب المسافات بين الأجيال، بحيث أصبح هناك أكثر من جيل لكل منهم ثقافته وقيمه واتجاهاته المختلفة، بخلاف الجيل الأخر في نفس الأسرة والمجتمع الواحد.

كما ان إدارة السلوك الانساني: أهمية كبيرة في الحصول أفضل النتائج من استثمار الموارد البشرية واستخدام طاقات الأفراد وتنظيمها وتوجيهها بشكل يتناسب مع الاهداف الكبيرة والمتنامية المطلوب تحقيقها.

وكما سبق أن ذكرنا أن البيئة المحيطة تلعب دوراً مهما في التأثير في سلوك الانسان، فإن الحاجة تصبح شديدة الى محاولة ضبط السلوك الانساني كي يكون متناسباً مع التغيرات البيئية المحيطة والتي تحولت فجأة نتيجة تلك السرعة الكبيرة في تدفق المعلومات، والتنامي السريع لحركة الاختراعات، والانفتاح الكبير في مجالات الاتصال بين المجتمعات، وتناقل وتداول المعلومات والأفكار والثقافات والسلع والخدمات.

ثانياً: الوراثة والسلوك الانساني

يعتقد البعض بصورة خاطئة أن السلوك يورث من الأباء الى الأبناء ومن غير المعقول أن ينتقل الأداء أو السلوك الخاص بالوالدين الى الجنين في رحم الأم حتى يحمله المولود الى العالم الخارجي بعد ذلك.

ويحاول البعض أن يهرب من ذلك التفسير بادعاء أن السلوك لا يورث، ولكن الاستعداد للسلوك هو الذي يورث، وهذا أيضاً تفسير لا يمكن قبوله من حيث المنطق فهناك صعوبة في انتقال هذا الاستعداد من الابوين الى الجنين.

فكلمات الاستعداد والغريزة وغيرها من المفاهيم الغيبية كلها فروض لا تفسر الظواهر التي يمكن ملاحظتها وحصرها.

ولكن كيف نفسر منطق البعض في وراثة بعض الظواهر السيكولوجية كالذكاء والقدرات الخاصة؟

ان ما نلاحظة من اختلاف الأفراد في الأداء بعضهم عن بعض في المجالات المختلفة فالبعض يتفوق في مجال معين مثل الرسم والموسيقى والكرة أو اللغة، وتظهر الفروق في هذه المجالات التي يقاس بها السلوك مثل الدقة أو السرعة أو الشدة وهذا ما يفسر به البعض منطق الوراثه حيث يعتمد تفسير الوراثي للأمور على قوة وهمية موجودة في الجينات المحمولة على كروموزمات الانسان الحاملة للصفات الوراثية، والتي يطلق عليها استعدادات وراثية. فالاستعداد الوراثي كلمة مرادفة لكلمة السلوك الوراثي ولا يمكننا من خلالها تفسير هذا السلوك.

كما أن انتقال الصفات السلوكية من جيل لاخر يعتمد على الفترة الزمنية في حياة الفرد أو طبيعة الظروف المحيطة. به وهذا يمكننا من أن نتحكم لحد كبير في ظروف حياة الكائن ونموه والتعرف عليه بشكل أعمق، وبالتالي تحديد الوسائل المطلوبة لتغيير السلوك بالشكل المطلوب.

وهناك تطور سلوكياً يبدأ اثناء حياة الكائن الحي قبل الولادة وأثناء فترة نمو الجنين في رحم الام هذا واثبتت التجارب تأثير نوعية بيئة الميلاد على هذا النمو والتطور للسلوك.

ما هية الوراثة

يمكننا تعريف الوراثة أنها انتقال بعض الصفات التي حملها لأباء الى الابناء.

والوراثة خاصية الجسم الحى، ويستجيب الفرد بطر ق معينة لظروف البيئة المحيطة طبقاً لهذه الخاصية. فعندما يجد الكائن الحي بصفة عامة – أو الانسان بصفة خاصة – الظروف الملائمة في البيئة المحيطة فإنه يتبع نفس طريق النمو للأجيال السابقة طالما كانت الظروف المحيطة متشابهة. وعندما يحدث الاختلاف في البيئة يعاني الانسان من بعض الاختلافات في أعضائه الجسمية عن الأجيال السابقة.

وفي مجال حفظ النوع الذي يقوم به الانسان تبدو عظمة الخالق واضحة في ظهور الحاجة الجنسية والتزاوج بين الرجل والمرأة.

وتختلف الخلايا في فترة حياتها، فالخلايا الذكرية التي يحملها الرجل لا تعيش في الخصية أكثر من أشهر معدودة، بينما تتمكن البويضات من العيش في مبيض المرأة الى ما يقرب من خمسين عاما. حيث

أنها تتكون بداخل مبيض الجنين الأنثوى قبل الـولادة وتبقـى الى أن يكتمـل نضـوجها في سـن معينة والتي عندها يبدأ الحيض عند المرأة أو عندها تنطلق بعـض البويضـات منـالمبيض الى الرحم وإذا ما تم تلقيحها من خليـة ذكريـة بعـد أن تأخـذ طريقهـا الى الـرحم، عنـدها يبـدأ الجنين في النمو كبويضة مخصبة.

وصــفات الفــرد تتميــز بالموروثــات أو الجينــات: وهــي جســيمات توجــد عــلى الكروموزومات وتحمل الصفات الوراثية.

والكروموزمات عبارة عن عصى أو خيوط دقيقة من المادة الحية موجودة داخل النواة في الخلية، وتوجد في صـورة أزواج، وتتماثـل المكونـات لكـل زوج فيهـا في الوظيفـة والمظهـر. والعدد الكلى للكروموزومات في كل حلية محدد، يختلف حسب نوع الخلية.

وبهذه مادة عدة خصائص تقوم بتجديد جزء من كائن في مظهره وسلك الخارجي.

ومجموعـة الوحـدات الصـغيرة المتكـررة يطلـق عليهـا الجينـات والتـي مـن الصـعب مشاهدتها، وتعتبر هي الوحدات الأساسية المحددة للصفات الوراثية.

وهي المسؤولة عن " المعلومات الوراثية والتي تطلق عليها الشـفرة الوراثيـة والناتجـة عن تقاسم البوضة والحيوان المنوي والبويضة.

الجينات

ويحدث العبور المتبادل بين أجزاء الكروموزومات المتماثلة عند بداية عمليـة الاقـتران، وهذا العبور المتبادل هو أحد الأسباب المؤدية للاختلافات بين الأفراد).

فيسيولوجيا الوراثة الانساني

يتكون جسم الانسان من ملايين الخلايا الحية، والتي تختلف عـن بعضها في التركيـب والوظيفة، فخلايا المخ لها وظيفة الذاكرة والذكاء والتفكير، وخلايا القلب وظيفتها الانقبـاض، وخلايا الأمعاء وظيفتها تكوين المواد المخاصية والامتصاص. وكما تعيش هـذه الخلايـا فتـرات مختلفة طبقاً لنوع العضو الذي تكونه، فإنـه تمـوت منهـا ملايـين الخلايـا في كل ثانيـة ويتم تعويض هذه الخلايا الميتة.

ويشكل وجود البويضة لفترة طويلة في المبيض بعـض الخطـورة نتيجـة لتعـرض خـلال تلك الفترة للكثير من المؤثرات البيئية مثل الاشعاعات المختلفة من العلاج أو العمل، بالاضافة لتأثير العقاقير الطبية.

وتتكون الخلية الحية بصفة عامة من قسمين، وهما النـواة والجـزء المحـيط بهـا وهـو السيتوبلازم.

وتعتبر النواة مركز ادارة أنشطة الخلية، حيـث تسـيطر عـلى كـل التفـاعلات الحيويـة، وتحتوى على النسخة الأصلية للمعلومات الحيوية المتوارثة من الآبـاء والأجداد والتـي تحـدد طبيعة الخلية ووظيفتها.

وتحتوى النواة على خيوط دقيقـة يطلـق عليها الكروموزمـات والمـادة الوراثيـة التـى يطلق عليها الحامض النووى. ويضم هذا المركـب الكيميائي كـل المعلومـات اللازمـة لتكوين خلايا الحي وتحديد عملها.

ويتركب كل كروموزوم من جـزئ واحـد طويـل مـن الحـامض النـووي، وتتركب هـذه الجزئيات بدورها من أربع وحدات أصغر تتكرر بصورة

كبيرة. ويترتب على هذا التكرار تكوين مجاميع مختلفة في تسلسل ونوع وعدد الوحدات الصغيرة.

ويوجد في كل خلية حية في الجسم فيما عدا الخلايا التناسلية في الحيوان المنوى والبويضة 23 زوجاً من الكروموزومات.

وتترتب الكروموزمات بشكل أزواج متماثلة، فكل خلية تحتوي على 23 زوجاً من الكروموزمات المتماثلة، حيث يأتي فرد من كل من هذه الأزواج من الأب والآخرين من الأم.

وهناك زوج واحد من الكروموزومات في كل خلية مسئولة عن تحديد الجنس يطلق عليه في النثى (س س) وفي الذكر (س ص) وبينما تحتوي الخلايا الجسمية على أحد فردي هذا الزوج، وفي الجنسية محتوية على فرد واحد فقط بسبب كونها لا تحتوي الا على نصف المجموعة الكروموزمية. وهذا يعني أن كل بويضة تحتوى على الكروموزوم الجنسي- (س) بالإضافة الى الاثنين والعشرين كروموزوماً جنسياً، بينما يتكون الحيوان المنوي من نوعين، فإما أن يكون محتوياً على الكروموزوم جسمياً. ويعتمد جنس الوليد على نوع الحيوان المنوي المخصب للبويضة، فإذا كانت النتيجة (س س) تكون أنثى وإذا كانت (س،ص) يكون المولود ذكراً .

المثير والاستجابة والسلوك:

المثير هو ما يسبق العمل او ما يحثنا على القيام بهذا الفعل.

والمثيرات يمكن أن تكون أكثر تعقيداً وسيطرة على حواسنا أو تكون بسيطه. ومن الضروري أن نميز بين المثيرات التي تنشأ بوضوح خارج الكائن الحي والمثيرات التي تصدر من داخله.

فالشعور بالجوع والعطش هي مثيرات داخلية، بينما يطلق مصطلح " عضلية المنشأ" على المثيرات الداخلية الصادرة من حركة العضلات. نحن عادة ما نكون غير واعين بمعظم المثيرات الداخلية التي تنظم سلوكنا مثل التنفس.

أما المثيرات الخارجية فهي عوامل مرتبطة بالسلوك، يختارها الكائن الحي من البيئة الخارجية أي أنه يستدل من سلوك الفرد نفسه على نوع هذه المثيرات.

ولا شك أن المثير لا يقصد به نوع من العوامل المستقلة تماماً بالنسبة للسلوك، فلا يمكن معالجة المثيرة الا على أساس سلوك الفرد.

ويمكننا ان نميز بجانب مفهوم السلوك – مفهوما آخر للعوامل البيئية.

وهذا المفهوم يتعلق بمجموعة الأحداث التي تصاحب السلوك، مثل الحاجة والتعزيز والتدعيم بجانب نوع آخر من المتغيرات التي تسبق الأداء وهو الدافع.

الاستجابة:

الاستجابة عبارة الأفعال التي يقوم بها الفرد نتيجة للمثير الذي تعرض له. والاستجابة قد تكون معقدة كأن تضطر الى الايتان بعدة افعال في آن واحد – كالأكل والتفكير وقيادة السيارات – وقد تكون الاستجابات صريحة وواضحة. ومن الطبيعي أن تتحول الاستجابة نفسها الى مثير مرة أخرى، فعندما يستجيب الفرد الى أحد المثيرات بالخوف سوف يتحول هذا الخوف من استجابة الى مثير يؤدى الى استجابة أخرى من خلال زيادة سرعة ضربات القلب وبعض الاستجابات الأخرى.

والاتيان يأي نوع من الاستجابات أو تكرارها هو عملية مرتبطة بالملامح البيئية (المثيرات) والحركات العضلية الخاصة لكل فرد (الاستجابات).

ويعرف أحد العلماء " سكينر" بين نوعين من الاستجابات:

النوع الأول: السلوك الاستجابي وهو ما يرتبط بمثير معين في البيئة الخارجة، وهذا النمط لا يمثل لنا الا قدراً ضئيلاً من سلوك الكائن الحي.

أما النوع الثاني فيطلق عليه السلوك الاجزائي وهو ما لا يرتبط بمثير معين، انما نستدل على مثيراته من اشارة ونتائجه في البيئة الخارجية.

ويلاحظ أن " سكينر" يطلق على هذين النوعين من الاستجابات مصطلح " انعكاس" بالرغم من عن اعترافه بان هذا المصطلح يقصد به في الاصل النوع الأول من الاستيجابات، ويبرر هذا بقوله أن هذا الاستعمال مناسب لان كلا النوعيين من الاستيجابات وحدات طبوغرافية للسلوك، كما أن رد الفعل الاستيجابي عادة ما يكتسب علاقة مع استفسارات سامعة والواقع أن التفقةبين السلوك الاستجابي (الناتج عن مثيرات معينة تسير في طريق الجهاز العصبي هو ما يسمى بقوس الانعكاس) وبين السلوك الاجزائي والذي يتمثل في الظاهرة النفسية يمثل نقطة البدء في دراسة العلوم السلوكية بطريقة واضحة.

تأثير البيئة بالسلوك:

عند دراسة سلوك الانسان لا بد أن يتعرض للبيئة والوراثة كأساس للدراسات النفسية والبيولوجية المؤثرة على سلوك الانسان.

ويتطابق تأثير الاثنين، بحيث لا يمكن وضع حد فاصل وبحيث يمكن أن نقول أن تأثير واحد منهما ينتهي ليبدأ عمل الثاني:

وتبدو العلاقة المركبة بينهما عندما نحاول دراسة الجانب الاجتماعي والانفعالي لفرد حيث يمثل الجانب الانفعالي العوامل النفسية أما الجانب الاجتماعي فتمثله علاقة الفرد بالاخرين المحيطين به.

وهناك مراحل عدة مراحل يمر بها الفرد اثناء انفعاله.

1. أن يدرك الفرد ذلك المثير الذي يؤدي لانفعاله.

2. تقييم الفرد للمثير من حيث قبوله أو رفضه.

3. حدوث الاستثارة ويعني تهيئة الفرد للتعامل مع المثيرة.

4. التعامل مع المثير وشعور الفرد بالرضا أو عدم الرضا.

5. الفرد يتخذ القرار نتيجة لذلك.

من خلال هذه المراحل، يتضح أن تأثير البيئة يبدو ظاهراً وواضحاً في مدى ادراك الفرد للمثير والاستجابات التي يصدرها.

وشعور الفرد بالرضا أو عدم الرضا يخضعان لما يتعلمه الفرد من المجتمع الذي يعيش فيه. ويفسر ذلك تعدد الاستجابة نتيجة لتعدد عمليات الادراك (الحالات الشعورية) بحسب تعدد المجتمعات.

وسلوك الفرد يظهر في ثلاثة جوانب:

هدف السلوك:

وفي محاولة الفرد لإشباع حاجة معينة، حيث إن ظهور هذه الحاجة يؤدي الى عدم التوازن (التوتر) والذي يدوره يدفع الفرد للعمل الدائم لخفض

هذا التوتر والخروج من حالة عدم التوازن. حيث يتم اشباع هذه الحاجة حتى يـزول التوتر ويشعر الفرد بالرضا والراحة.

محتوى السلوك:

وهو ما يقوم به الفرد من عمل ونشاط لتحقيق الهـدف مـن السلوك، ويظل الفـرد نشاطاً في اجراء المحاولات طالما أنه بعيد عن هذا الهدف حتى يصل اليه ويبدو سعيداً بـذلك وغالباً ما يؤدي تحقيق هدف معين الى ظهور أهداف أخرى أكثر تقدماً، وهكذا بحيث تكون حياة الفرد سلسلة من الأنشطة المتتابعة لتحقيق هذه الأهداف المتنامية.

نوعية السلوك:

يختلف النشاط أو العمل الذي يقوم بـه الفرد لتحقيـق الهـدف فقـد يكـون نشـاطه عضوياً (وراثياً) مثل الجـوع والعطـش، أو يكـون سلوكاً مكتسباً (اجتماعياً) وهـو يتعلمـه ويكتسبه من البيئة المحيطة به مثل العلاقات الاجتماعية في الصداقة والحب والزواج.

ونوعية السلوك الذي يقوم به كل فرد تعتمد على النشاط الفسيولوجي لديه، وهـي تختلف من فرد لآخر نتيجة العوامل الوراثية.

ويجب أن نؤكد في هذا المجال أن النمو الكامـل للفرد لا يشمل جانـب واحـد فقـط، ولكنه يشمل الجوانب الجسمية والعقلية والاجتماعية وهي التي تساهم في تكوين الشخصية عند الفرد،

البيئة: تظهر وتتأكد في الجانب الاجتماعي والانفعالي.

زمن خلال ما ذكر يتبين لنا أثر البيئة يكون واضحاً، لأن الانفعال يحدث نتيجة لتفاعل الفرد مع الأفراد المجتمع.

1. التفسير العلمي للسلوك.

يمثل الكائن الحي والبيئة جزءاً من الطبيعة، ويتم التفاعل بينهما في ضوء طبيعة وخصائص كل منهما وفي ضوء طبيعة العلاقة بينهما. وهذا يعني أن الكائن الحي لا يكون سلبياً في تفاعله مع البيئة، ولكنه يؤثر فيها وفي الوقت نفسه يتأثر بها ومن خلال هذا التأثير المتبادل يتحدد الشكل النهائي للسلوك.

ويجب أن يشمل مجال تفسيرنا للسلوك الظواهر السلوكية والبيولوجية سواء أكانت هذه الظواهر عبارة عن عمليات فسيولوجية داخلية أم تكوينات عضوية.

إن الهدف من دراسة العلوم السلوكية: هو زيادة قدرتنا علىالتحكم في السلوك الانساني، ولكي نصل لذلك يجب علينا البحث عن الأسباب التي يعتبر السلوك محصلة لها.

حيث اعتمد البعض في تفسير السلوك الانساني على بعض الأسباب مثل الارادة والذكاء أو الغريزة. أو الوراثة وأشياء أخرى ولكن ذلك وحده لم يكن كافياً لتفسير أسباب السلوك.

ومن الطبيعي ان بين اسباب السلوك من حيث انها أحداث طبيعية يتعرض لها الكائن الحي ويعتبر السلوك محصلة لها أو احد المتغيرات التابعة لها. بل ويجب علينا أيضاً أن نقيم علاقات وظيفية محددو بين الأسباب والظاهرة السلوكية، وتوضع في صورة قوانين ترتبط هي الأخرى ببعضها في صورة عامة لتكون لدينا نظرية كاملة.

شكل (1)

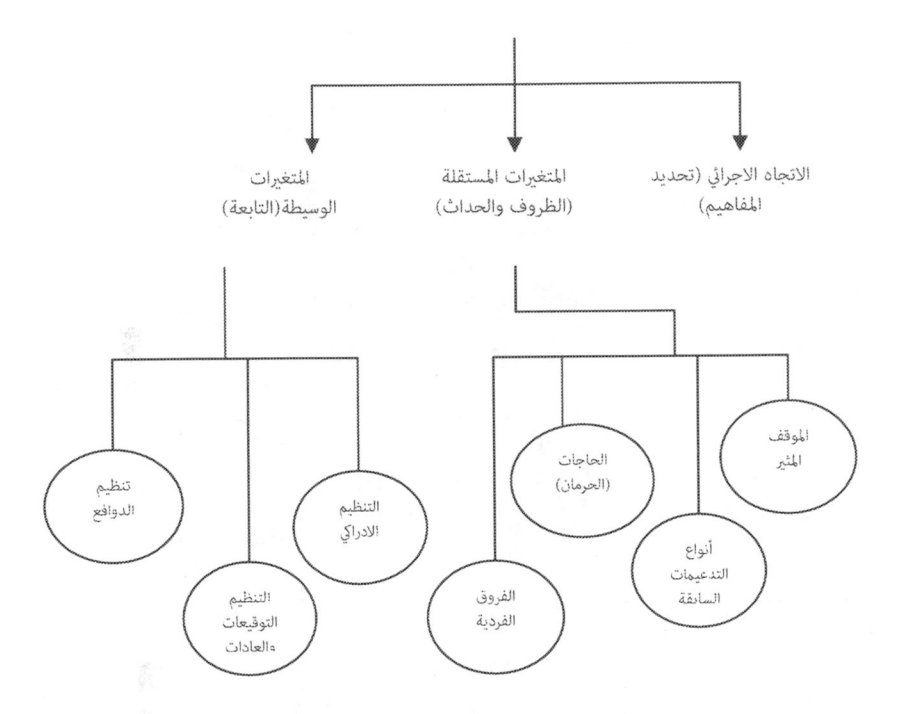

يمكن أن نصف المتغيرات المستقلة (الظروف والأحداث) كالآتى:

الموقف المثير: أي تغير في البيئة المحيطة أو جزء منها.

أنواع التدعيمات السابقة: التي يكون قد حصل عليها الكائن الحي مقترنة باستجاباته المختلفة للمواقف المختلفة (الثواب والعقاب).

أنواع الحرمان (الحاجات): التي يعاني منها الكائن الحي حاليا، وما يتصل بها من حوافز (تدعيم) موجودة في مجاله الادراكي.

الفروق الفردية: هل هي تكوينية (وراثية) أو تعود الى التدريب المبكر في حياة الفرد.

ويمكن تصنيف المتغيرات التابعة (أو الوسيطة)الى:

التنظيم الادراكي: قدرة الفرد على التعبير عما اكتسبه من معاني ومفاهيم عما يحيط به من ظواهر، وإدراك العلاقة بينها.

تنظيم التوقعات والعادات: قدرتنا أن نقيس قوة العـادة (التوقـع) عـن طريـق مـدى احتمال صدور سلوك معين في نوع معين من المواقف (تكرار السلوك).

تنظيم الدوافع: ميل الكائن الحي للاقدام على موضوعات أو مدعمات معينة للحصول عليها. وكذلك الميل للهروب معها (دوافع ايجابية – دوافع سلبية).

تفسير الظواهر السلوكية والبيلوجية بهدف التحكم في السلوك الانساني، ويتم ذلك من خلال التركيز على التعرف على:

وفيما يلي تركيز على هذه لمصطلحات والتي تعني:

الاتجاه الاجرائي (تحديد المفاهيم): وهذا يعنى اخضاع جميع المفـاهيم المسـتخدمة لعمليات اجرائية تستطيع أن تحقق لنا صدق وصحة المفهوم.

المتغيرات الوسيطة (التفسير): اذا كان السلوك هـو المتغـير التـابع للمتغيرات الرئيسـة (المستقلة) وهي الظروف والحداث التي يعتبر السلوك محصلة لها، علينا أن نقيم العلاقة بين المتغيرين ونضعها في تصور سليم ومقبول.

وضع إطار لدراسة السلوك (تصنيف المتغيرات): ويعنى هذا تحديد الفئات التي يمكن أن نصف بها كلا من المتغيرات وطبيعتها وكيفية حدوثها. وهذا التصنيف يمثل أهمية كبيرة في الدراسة العلمية للسلوك حتى

نستطيع أن تحدد القوانين التي يخضع لها هذا السلوك، والنظريات العامة التي تفسره.

الذكاء والبيئة:

هل العلاقة بين الوراثة والذكاء مؤكد وهل الذكاء حف وراثي كما يقول البعض ويعارض ذلك البعض الاخر؟

وللوصول الى إجابة عن مثل هذا السؤال من الروري في البداية أن نلقي نظرة على مفهوم الذكاء وكيف يمكن قياسه.

ومع أن تعريف الذكاء لا يرال غير زاضح وغامضا الا أن معظم التعريفات المتداولة تشير في جوهرها الى القابلية على التفكير المجرد.

ويعرف البعض الذكاء على أنه بنية من السلوك المتوازن، وهو جملة من العمليات الحقة الفعالة أو نظام معين لهذه العمليات. وسوف لا نضطر الى مناقشة نظريات الذكاء المختلفة، ولكننا سوف نركز على تحديد درجة الذكاء، وهي غالبا ما تشمل مجموعة من السئلة المختلفة في الرياضيات ومفردات اللغة ومهارات التحليل المنطقي.

ولقد ارتبطت اختبارات الذكاء منذ بدايتها بنظرية الذكاء الفطري، والتي تسلم بأن الذكاء هو القدرة الفكرية الفطرية الموجودة لدى كل فرد منذ الولادة وبكمية محدودة. وهناك فئات من الناس تدعى أن الذكاء يحدد وراثيا. وقد بدأت الانتقادات تتوالى على نظرية الذكاء الفطري في السنوات الماضية.

وقد بدأت هذه الانتقادات تأخذ طابعاً علمياً. وظهرت أفكار جديدة في مواجهة الافكار السابقة عن الذكاء، والتي تمكنت- الى حد

كبير- من خداع بعض الوسـاط العلميـة، حيـث وجـدت بعـض الأنظمـة السياسـية في ذلك تحقيقا لغرضها السياسي والأيـديولوجي لتبرير التفـاوت الاجتماعـي والاقتصـادي الكبـير بـين الأفراد في المجتمع الواحد واستعمار واستغلال بعض المجتمعات من جانب مجتمعات أخرى.

تبين ان دراسات الذكاء كان ينقصها الدقة والتكامل، حيث أكدت النتائج التي اعتمدوا عليها في دراساتهم السابقة عند إعادة بحثها أن تأثير البيئة كان أكبر من تأثير الوراثة.

كما أظهرت بعض الدراسات الحديثة نتائج مختلفة عما سبق، واتضح أن هنـاك تـأثيراً كبيراً للتحيز الارادي أو الاإرادي في تفسير البيانـات والنتـائج لخدمـة أغـراض المسـئولين عـن إعداد هذه الابحاث. فقد ثبت أن الخلفيات الاجتماعية للباحثين كان لها أثر كبير في تحديـد النتائج.

وكانت الفروض الخاصة بوراثة الذكاء غالبـاً ما تبنى عـلى عوامـل نظريـة تعتمـد عـلى وجهة نظر الفاحص وتعتمد أيضاً على القابلية الدراسية للأشخاص المبحوثين.

لكن هل يمكن التأكيد على عدم وجود أي تحديد وراثي للذكاء؟

لا تستطيع ان نؤكد ذلك طالما أنـه لـيس هنـاك تعريـف واضح ومحـدد للـذكاء ولا نستطيع ايضا تحديد طبيعة هذا الذكاء.

فلا يزال هناك اختلاف حول مفهوم الذكاء... هل هو امتلاك المهارات اللازمة للنجاح، أو الداء الجيد،÷ أو معرفة الأشياء. أو الاستنتاج، أو التوقع قبل الآخرين؟

هل التميز في العمل او الفشل علاقة بالذكاء.

لقد اكتشفت بعض العلماء أإن هناك بعض الأشخاص كانوا يتميزون بقدرات مرتفعة أو منخفضة في التميز الحسى من خلال بعض التجارب. وكان الاهتمام الرئيسي- في معظم اختبارات الذكاء بأنه الطاقة من التجربة والتكيف مع مواقف جديدة، وهذا التعريف له ميزة التطبيق على مراحل سيكولوجية مختلفة بدون التعرض لوجهة النظر المعاصرة والمعتقدة عن الذكاء.

وقد حدد العالم بينيت يتكوين تعريف الذكاء من خلال التركيز على ثلاثة خصائص:

- الكفاءة في اتخاذ اتجاه محدد والمحافظة عليه.

- الكفاءة في اجراء التعديلات (التكيف)، لتحقيق هدف مرغوب.

- الكفاءة في نقد الشخص لسلوكه.

وتشير معظم المفاهيم الحديثة في الذكاء الى المرونة في تحقيق التكيف وعلى هذا الأساس يعتبر الذكاء أكثر من مجرد التفكير، ولكنه يشمل ما هو أوسع من ذلك، مثل الذاكرة والمعرفة العامة وسرعة البديهة والمهارات الحركية.

وتشير أغلب الدراسات الى أن الذكاء ينمو مع تقدم السن حتى مرحلة المراهقة، ثم يبدأ في الانخفاض عند تقدم السن، ويظهر الأطفال تقدما منتظما، في معدل نمو ذكائهم مع تقدم سنهم. ويرى (بياجيه) أن نمو الذكاء يجب أن يضم وظيفتين أساسيتين لكل منهما جانب في التكيف مع المحيط، وهما الاستيعاب والتكيف.

فمن خلال الاستيعاب يستخدم الطفل المؤثرات في المجال المحيط به، ويركبها في تنظيمه الذهني ويتفاعل على هذا الأساس كما كان يفعل في الماضي.

وبالنسبة للتكيف فهو يحدث عند وقوع.

استيجابات جديدة للمؤثرات، حيث يجب على الطفل في هذه الحالة تغيير سلوكه، ويتطلب السلوك الذكي توازناً بين الوظيفتين المذكورتين، ولا تتغير هاتان الوظيفتان بتطور الفعل الانسان، وذلك بعكس هيكل وتنظيم الذكاء حيث يتغيران منذ الولادة وحتى المراهقة.

ويجب أن نستخلص أن فكرة كون الانسان آلة غامضة حقيقية لا تزال قائمة، فقد حاولت بعض المدارس النفسية في الغرب احتضان فكرة برمجة الانسان لانتاجه وفقا لشفرة وراثية معينة، وتجاهلوا البراهين العلمية التي تؤكد تأثير البيئة القوى في شخصية الانسان وتصرفاته ورغباته وما يطلق عليه الذكاء، والنتيجة التي نلاحظها دائما أنه يمكننا تغيير طراز حياتنا اذا ما تم لنا تغيير بيئتنا.

ومن هذا المنطلق يمكن ان نقول إن القدرات العقلية بما في ذلك الذكاء تتطور أثناء نشاط الانسان اليومي، وهذا يعنى أن الذكاء ليس فطريا، فالذكاء وظيفة الفعل، ولا يظهر الا عن طريق تبادل المعلومات مع البيئة حيث يظهر أثناء عملية الممارسة الواعية.

ولا شك أن الحدود القصوى للسعة الذهنية يفرضها البناء العقلي (الدماغ) والتي تحدد من قبل الجينات الوراثية.

ومن البديهي أن تكون تلك الحدود القصوى للسعة الدهنية مختلفة من شخص إلى آخر، حيث تعتمد على الكيفية التى تعمل بها الجينات. وهذا يعنى وجود حدود قصوى للمعلومات المخزونة في الذاكرة، كما أنه لا بد من وجود حدود قصوى للمعلومات المخزونة في الذاكرة، كما أنه لا بد من وجود حدود قصوى للسرعة التى تعمل بها الدماغ.

وحيث أنه من الصعب الوصول للحدود القصوى المقررة وراثيا، ولذلك تنعدم الهمية التطبيقية لها.

والانسان العادي لا يستخدم الا جزءاً صغيراً من قوته الذهنية والقابليات الذكائية المتاحة له، ولذلك يجب أن يكون التركيز على إعطاء اهتمام أكبر لإمكان توسيع هذه القابليات الذكائية وتطويرها.

فالطفل يولد ولديه مواهب متوازية وقابليات ذكائية كامنة وقدرات اجتماعية، ولكنها لا تظهر الا إذا أتيحت الفرصة لها للنمو باستمرار حتى تصل الى أعلى معدل يمكن أن توفره الظروف البيئية المحيطة.

ويتميز السلوك الذكي بالخصائص التالية:

- القدرة على مواجهة المواقف الصعبة.
- القدرة علىالتحليل والادراك والتكيف.
- القدرة على الحل السليم للمشكلات.
- القدرة على الاستفادة من الخبرات السابقة عند مواجهة المتغيرات أو الظروف الجديدة.

وإذا كان هناك من التجارب ما يؤكد أن الذكاء موروث ويخضع لقوانين الوراثة، فذلك يعني أن الظروف البيئية لا تساهم في تكوين ذكاء

الفرد، إلا أنها يمكن أن تساعد بلا شك على ظهور قدراته وبروزها، كما أنها يمكن أن تساعد بلا شك على ظهور قدراته وبروزها، كما أنها تحدد للفرد الأساليب التي يمكن أن يلجأ اليها عند مواجهة الأمور، وهذا يعني أنه لا يمكن تجاهل أثر البيئة في ابراز ذكاء الأفراد وتوجيههم.

ثالثاً: الأداء والسلوك الانساني

كما ذكرنا سابقاً بالسلوك هو تصرفات الفرد في مواقف الحياة المختلفة، أما الأداء فهو السلوك الوظيفي الهادف.

ويمكن أن يقسم الأداء بصفة عامة الى قسمين:

الأداء الظاهري:

مثل الكلام والحركة، وهو ما يمكن أن يلحظه المحيطون بالفرد.

الاداء الداخلي (الباطني):

مثل التفكير والتخيل والتصور، وهو ما لا يمكن ملاحظته من المحيطين بالفرد.

وقد يكون السبب في الأداء شعوريا أي يدركه الفرد وقد يكون لا شعوريا أي لا يدركه الفرد.

سواء أكان الأداء شعوريا أو لا شعورياً

فمن الأهمية معرفة الأسباب الموجهة لهذا الأداء. وهذه عملية هامة لكل الأفراد الهادفين لتحسين أدائهم الاداري.

وبصفة عامة فان السلوك الانساني هو المحدد للأداء الوظيفي للفرد وهو محصلة التفاعل بين طبيعة الفرد ونشأته والموقف الذي يوجد فيه.

وأداء الفرد لا يظهر نتيجة لقوى أو ضغوط تابعة من داخل الفرد نفسه فقط، ولكن لعملية التفاعل والتوافق بين القوى الداخلية للفرد والقوى الخارجية المحيطة به.

والقوى الداخلية المحركة لداء الفرد تتأثر بالعديد من العوامل:

- العوامل الوراثية.

- العوامل البيئية.

- الثقافة التي ينشأ في ظلها.

- نوع التعلم والخبرات المكتسبة.

ومن اهم العوامل المؤثرة الادراك الى ان تأتي من عاملان مهمان.

1. السلوك اللفظي أو الفعلي.

2. الفروق الفردية.

1. السلوك اللفظي أو الفعلي:

السلوك اللفظي هو ما يصدر عن الفرد من الفاظ في المواقف المختلفة التي يتعرض لها.

السلوك الفعلي ما يصدر عن الفرد من تصرفات نتيجة لما يتعرض له من مواقف.

وإدارة الأداء وإن كانت ى تهمل السلوك اللفظي الا أنها تركز على التصرفات الناتجة من المواقف المختلفة.

والعلاقة بين السلوك اللفظي والسلوك الفعلي هي احدى مشكلات الشخصية التي تنعكس على الأداء، ومثال ذلك المشرف أو المدير الذي

يطلب من مرؤوسيه الحضور مبكراً وهو لا يفعل ذلك واتفاق السلوك اللفظي مع الفعلي يجعل الأداء قوياً وصادقاً ومقنعاً للآخرين.

2. الفروق الفردية

هناك قدر من التشابه في السلوك الانساني، ولكن ذلك لا ينفي وجود فوارق بين الألإراد حيث أن لكل فرد مميزاته وخواصه التي تميزه عن الخرين واهمية هذه الفروق بالنسبة للادارة تعنى أنه يمكن الاستفادة بها في أثارة دوافع العاملين، عندما يتم التفاعل معهم بطرق مختلفة تتفق مع قدراتهم الفردية.

ويرجع سبب الفروق الفردية الى العوامل الوراثية المؤثرة في تكوين الشخصية والعوامل البيئية المحيطة، حيث إنه لا يمكن أن تظهر العوامل الوراثية دون تفاعلها مع العوامل البيئية، فلا يمكن للفرد أن يقدم أداء وظيفياً مميزاً دون أن يرتبط ببيئة تنظيمية وظيفية.

كما أن عدم الادراك بالفوارقبين الافراد سواء يؤدي الى آثار سلبية على الفرد والمجتمع الذي يعيش فيه. فإغفال هذه الفروق لا يساعد الفرد على العمل ولا يساعد على وضع الشخص المناسب في المكان المناسب.

وفي أحيان كثيرة يكون انخفاض أو فشل الداء ناتج عن تجاهل مميزات أو اهتمامات أو طموحات العاملين في نطاق العلاقات الوظيفية والمنظمة التي يعملون بها، وإغفال الميزات الفردية للافراد يؤدي الى:

- عدم الاستفادة من قدرات الفرد الحقيقية.
- خلق نوع من العداء والكراهية بيم مجموعة المرؤسين.
- انخفاض الروح المعنوية.

3. تكوين الشخصية

يولد الانسان بقدرات فطرية مـن صنـع الخـالـق، واستخدام وتطـويـر هـذه القـدرات يعتمد على الخبرات التي تصاحب الانسان منذ ولادته حتى وفاته.

ولكن ماذا نقصد بالشخصية.

الشخصـية هـي مجموعـة مـن الصـفات والمميـزات الجسـمية والنفسية والعقليـة والاجتماعية التي يتمتع بها الفرد والتي تميز في نفس الوقت عن الآخرين.

ويتعرض الانسان لنوعين من الخبرات من البيئة المحيطة أثناء نموه.

الخبرة العامة. ويشترك فيها الأفراد الناشئون في ثقافة واحدة.

الخبرة الفردية. وهي التي لا يمكن التنبؤ بها لأفراد ناشئين في ثقافة واحدة.

ويمكن أيضاً التنبؤ بالسلوك إذا كان في اطار اجتماعـي معـروف، مثل كيفيـة التصرـف عند حضور اجتماع عام مع الزملاء.

كما أن الظروف الثقافية لمجموعة ما تؤدي الى ظهور صفة عامة تشتهر بها المجموعـة أو تميزها، ولكن الشخصية الفردية لا تتفق مع ذلك بدرجة متساوية، حيـث اختلاف التـأثيـر الثقافي، لأنه يصدر من أشخاص لا يتفقون في جميع قيمهم واتجاهاتهم، بجانب أن لكل فـرد متلق لهذا التأثير بعض الخبرات الفردية التى ليست لدى الآخرين.

وكل فرد يتفاعل بطريقة مختلفة مع الضغوط الناتجة من البيئـة التنظيميـة المحيطـة به. ولا نستطيع أن نتجاهل أيضاً أنه من الممكن أن

يكون السبب في الفروق الفردية للسلوك والأداء بيلوجيا ومثال ذلك اختلاف سلوك الاخوة في المنزل الواحد.

سلوكياتت الأفراد والتفاعل بين الفرد والموقف:

الموقف هو العنصر المهم في السلوك، ويتوقف أداء الفرد في موقف معين على صفات هذا الموقف وعلى كيفية فهم الفرد له، وعلى المواقف السابقة التي مرت به، فاذا كانت متشابهة أو متكررة فإنه سوف يتصرف بطريقة ثابته ومستقرة تجاهها، وذلك بعكس المواقف المتجددة التى يتعرض لها، حيث يتحدد سلوكه طبقاً للصفات المميزة لهذا الموقف.

وهناك بعض العناصر التي يمكن أن تحدد الداء المتوقع من الفرد في موقف معين:

- المهارات الذهنية والعقلية.
- المهارات الاجتماعية.
- المهارات المعرفية والادراكية وتنظيمها في معاني واضحة.
- توقع النتائج أو استنتاج النوايا السابقة لسلوك معين.
- القواعد التى تجكم السلوك من حيث الثواب والعقاب.

تتفاعل العناصر السابقة مع ظروف الموقف المعين لتحدد سلوك الفرد (أو ما سيفعله) في ذلك الموقف.

ولقد أثبتت الدراسات السلوكية أن المؤثر الواحد كما سبق أن ذكرنا ينتج أنواعاً مختلفة من السلوك المتنوعة لدى الأفراد المختلفين، وأن ردود الأفعال المختلفين تختلف وتتنوع بالنسبة لنفس المواقف باختلاف

الشخصية والخصائص والبيئة، فهذه العوامل بجانب بعض العوامل الخرى تؤدي الى اختلاف إدراك الأفراد للمؤثرات وتصوراتهم عن السلوك الأفضل.

رابعاً: الأداء وتحليل السلوك

يتأثر السلوك الانساني بمجموعة من القيم والقواعد السلوكية التي تدفعه الى الأداء بطريقة ما، أو تفضيل مسلك معين على مسلك آخر.

وترتبط القيم بالاتجاهات والمعتقدات، وتؤثر في نهاية الامر على السلوك والأداء.

وصفة عامة يمكن القول: إن هناك نوعين من القوى التي تؤثر على سلوك الفرد، وهي:

القوة الداخلية

وهي القوى الموجودة في ذات الفرد، سواء أكانت هذه القوى وراثية أم مكتسبة. وتتركز القوى الداخلية في التكوين الوراثي للفرد.

- الحالة الجسمية (الجوع-العطش- الالم.... الخ).

- الحالة النفسية.

- الخيرة السابقة.

- مدى وضوح الهدف من السلوك في ذهن الفرد.

وتشمل القوى الداخلية:

أ. القيم وتمثل أكثر من مجرد قبول الفرد لشرعية أو صدق أو صحة تصرف معين تجاه مجموعة من الحقائق. فهي لا تعبر عن مجرد اعتقاد، ولكنها اعتقاد مؤكد الصحة.

وتؤثر القيم التي يحملها الفرد في آرائه، حيث يكون هناك اتفاق داخلي عند الفرد بين ما يبديه من آراء وما يحمل من قيم.

وهناك علاقة بين القيم والقواعد والأنماط السلوكية، حيث تمثل القواعد والأنماط قاعدة أو مرشداً للسلوك ينشأ نتيجة اتفاق كامل في العمل الاجتماعي، وهـذا الاتفاق يعبر عن مشاعر الجماعة تجاه ما هو مرغوب.

ومن خلال هذه العلاقات نجد أن آراء الفرد وتصرفاته لا تأتي مـن فـراغ، ولكنها تعمل في ظل مساندة مجموعة القيم المدعمة والمساندة لها.

ب. الشخصية: وهي النظام الفريد للأفكار والمعتقدات والاتجاهات والقيم والعـادات التي ينظمها الفرد في شكل أدوار ومراكز يستغلها في التعامـل مـع الآخرين ومـع نفسه.

وهي مجموعة من سمات بعقليـة ومزاجيـة وخلقيـة واجتماعيـة يمكن عـن طريقهـا دراسة هذه السمات والتنبؤ بميل الفرد للعمل أو السلوك بشكل معين.

وتتميز الشخصية بالوجدانية حيث تختلف من شخص الى آخر حتى لـو تشابهت في النشأة الاجتماعية، ولا يمكن التنبؤ بسلوك الشخصية حيث أنه يتغير من يوم الى آخر. وتعمل الشخصية على الانتاج علاقة ديناميكية بين الفرد وبيئته، وهذه العلاقة مكتسبة ولا تخلق مع الفرد عند ولا دته، ولكنها نتاج المشاكل التي يواجهها وتبعا لتفاعل مع الآخرين.

أو أن الشخصية ليست السلوك الظاهري للفرد بشكل مطلق، ولكنها استعداد للسلوك بشكل معين في المواقف المختلفة. فسلوك الفرد في موقف معين يكون نتاج تفاعل مجموعة السمات التي تتميز بها شخصية هذا الفرد.

وبتحليل السلوك الانساني يجب التعرف على مجموعة السمات التي تميز شخصية الفرد، وما يساعد على التنبؤ بسلوكه في المواقف المختلفة.

فمثلا يجب على المدير أو الرئيس أو المشرف أن يلاحظ الفروق الفردية بين مرؤسيه واختلاف السمات الفردية لديهم، حتي يستطيع اختيار الأسلوب المناسب لتعامل بكفاءة معهم.

للتكوين الجسمي والفسيولوجي يتأثر واضح على السلوك الانساني من خلال:

الأعضاء الحسية: المستقبلة للمؤثرات الداخلية أو الخارجية مثل الحواس الخمس في الانسان.

الجهاز العصبي: وتصل الاحساسات المختلفة من الأعصاب أو المواصلات الحسية.

التكوينات الجسمية: وهي التكوينات التي تظهر ردود الأفعال مثل العضلات والغدد الصماء.

ويتغير التكوين الجسماني بفعل عوامل البيئة، فهولا يتوقف على عوامل وراثية فقط حيث يتشابه الأفراد نتيجة لعوامل بيئية مشتركة وليس نتيجة صفات وراثية مشتركة فقط.

ولتوضيح دور التكوين الجسماني على سلوك الفرد يمكن النظر اليه من جانبين:

أولهما: الطول والعضلات حيث يبدو الشخص ذو السمات المتميزة فيهما بجسم رياضي، مما يدفعه الى سلوك اتجاه معين يمكن أن يحدد نوع الرياضة أيضاً. وفي حالة وجود أي عجز في أي جزء من أجزاء الجسم فإن ذلك يؤدي بالشخص الى سلوك معين يختلف من شخص لآخر لتعويض هذا العجز.

والجانب الثاني هو: تأثير العوامل الداخلية، ولكن ذلك لا يكون بصورة مطلقة، فسلوك الفرد محصلة للتفاعل بين هذه العوامل ومجموعة أخرى من العوامل تعرف باسم القوى الخارجية أو العوامل البيئية.

الدوافع والسلوك:

نقصد بالدوافع هي الرغبات والحاجات الفردية ناقصة الاشباع أو غير المشبعة نهائياً، وهي تمثل قوة داخلية محركة (دافعة) للفرد تؤثر في تفكيره وإدراكه ثم على سلوكه لتوجيه الى نقطة التي يشبع عندها حاجته، حتى يحدث التوازن من خلال سلوك معين.

أما الحوافز فهي التي تدفع لزيادة جهده أو عطائه أو الأداء المعاكس، وتتناسب قوة الدافع عكسياً مع درجة إشباع الحاجة.

حيث تتحدد درجة الأهمية النسبية للحاجة في ضوء درجة الاشباع المطلوبه، فالدافعية هي الحالة التي تحدد اتجاه وشدة السلوك، ودرجة الاصرار عليه، ويكون الفرد في حالة عدم توازن عند عدم إشباع حاجته،

ويدفعه ذلك للوصول الى التوازن من خلال سلوك معين ولذلك لا يمكن تجاهل الدافعية عند تحليل السلوك.

القوي الخارجية.

وهي مجموعة القـوي الخارجيـة البيئيـة المحيطيـة بـالفرد داخـل المنظمـة أو المنشـأ، وعلاقة البيئة التنظيمية الداخلية بالمنظمة والخارجية، وتشمل ثقافة واقتصاديات المجتمع العام.

وتقسم الى نوعين وهي

1. ظروف العمل المادية: وما تتركه من أثر على راحة الفرد وتسهل لـه حركتـه في اتجـاه التميـز في الأداء وذلـك مثـل تـوافر الآلات والمعـدات والأدوات والاضاءة والتهوية ودرجة الحرارة.

2. العوامل التنظيمية: وتمارس تأثيراً كبيراً عـلى سـلوك الفـرد مـع نفسـه ومـع الآخرين مثل الهياكل التنظيمية والوظيفية واللوائح والقوانين والعلاقات مع الغير والرؤساء والـزملاء والمرؤوسـين، بجانـب عمليـات التـدريب والتوجيـه والتقويم والتقييم الدائم للاداء.

البيئة الخارجية:

وتمثل الظروف العامة للمجتمع الذي يعيش فيه الفرد خـارج المنشـأة، وتؤثر هـذه البيئة على المنظمة والفرد، وتشمل هذه الظروف العوامل الاجتماعية والاقتصادية والسياسية للمجتمع. بجانب العوامل الطبيعية (الثروات) الا جتماعية والثقافية والحضارية.

تأثر العوامل البيئية الخارجية مجتمعة تأثيراً واضحاً على سلوك الأفراد في المجتماعات المختلفة على مستوى البلد الواحد أو المجتمعات الصغيرة داخل المجتمع الواحد.

وتتفاعل العوامل المميزة أو المؤثرة في البيئة الخارجية مع العوامل الشخصية المحددة للسلوك الفردي، وينتج عن هذا التفاعل السلوك النهائي للفرد.

وإذا كان الفرد ينتقل في المجتمع الواحد الكبير الى عدة مجتمعات فرعية، كل منها له سماته الخاصة (الانتقال من القرية الى المدينة أو العكس)، فان سلوك الفرد يمكن أن يكون مختلفاً في كل بيئة فرعية طبقاً لثقافات ونظم العلاقات الحاكمة لكل منها.

الفصل الثاني

السلوك الانساني

الخصائص والمقومات

أولا: العوامل المحددة للسلوك البشري.

ثانيا: خصائص السلوك البشري.

ثالثا: المجال السلوكي.

رابعا: أنواع السلوك

1. السلوك الفردي.

2. السلوك الاجتماعي

3. السلوك الجماعي

خامسا: الوراثة والذكاء.

الفصل الثاني

السلوك الانساني

أولاً: العوامل المحددة للسلوك البشري:

كنا قد ذكرنا أن السلوك البشري هو محصلة التعامل بين ما يحمله الفرد من القيم واتجاهات والبيئة المحيطة به، حيث يؤثر فيها ويتأثر بها. وكما يذكر البعض أن السلوك البشري هو محصلة التفاعل بين الوراثة والبيئة. والمقصود بالوراثة هنا تلك العناصر أو المحددات التي يتلقاها الفرد في شخصيته وكيانه العضوي من الوالدين والمجتمع الذين يحيط به في نشأته. أما البيئة فهي مجموعة المؤثرات التي تؤثر على الفرد منذ وجوده في رحم الأم وحتى مماته، والتي يكون مصدرها أيضاً الوسط الذي يعيش فيه، أو الذي تصدر استجابته للمؤثرات الواقعية عليه من خلاله.

ويمكن أن نحدد العوامل المؤثرة والمحددة لهذا السلوك بـ

1.   السن:

من المعروف أن استجابات الفرد سوف تختلف لنفس المؤثر طبقاً للمرحلة العمرية منذ الطفولة حتى الكهولة، ويمكن أن نلاحظ ذلك في أنفسنا وفي الآخرين، فالطفل يستخدم الصراخ والبكاء للحصول على حاجته، والشباب يستخدم قوته وانفعاله الشديد، أما في مراحل العمر المتقدم فيستخدم الرجل خبرته وعاطفته.

وهذا لا ينفي أيضاً أن الفرد يمكن أن يغير من استجابته في مرحلة زمنية قصيرة جداً طبقاً للموقف.

2. الجنس:

لا شك أن اختلاف الجنس ذو تأثير واضح على السلوك البشري نتيجة لتكوين الجسماني والدور الاجتماعي، أن ذلك يرتبط بالبيئة والمجتمع لحد كبير. فثقافة المجتمع هي التي تحدد السلوك المناسب للمرأة في المواقف المختلفة، والذي نجده دائماً يختلف من مجتمع الى آخر.

3. المجتمع:

الوسط الاجتماعي الذي يعيش فيه الانسان بمفهومه المادي والمعنوي ذو تأثير كبير على سلوكيات الأفراد. حيث يتحدد سلوك وعلاقات الأباء والأبناء والأقارب والجيران والمتزوج والأعزاب. فكل فرد يحاول أن يلعب دوره في المجتمع طبقاً لما يرسمه هذا المجتمع من ملامح لهذا الدور. وكل فرد يتمقص أدواراً متعددة في حياته اليومية، وبذلك يتأثر سلوكه بالأدوار التي يلعبها والموقف الذي يتعامل معه.

4. العوامل البيئية المحيطة بالفرد:

أن العالم يتكون من بيئات مختلفة تكونت بفعل العوامل الطبيعية والحضارات، وأصبحت هذه البيئات تؤثر في الانسان ويتأثر.

فمثلا نلاحظ أن: الانسان الذي ينشأ في الريف يستطيع تكيف مع سلوكه في المدينة دعم الاحترافات المؤثرة على هذا السلوك.

5. الخصائص الشخصية:

تتأثر شخصية الانسان بفعل البيئة المحيطة منذ الصغر، وقبل أن يولد وهو جنين في بطن أمه، وخلال مراحل نموه المختلفة وحتى تتكون ملامح شخصيته. وتؤثر هذه الشخصية على سلوك الانسان من خلال استجابتها في تفاعلها مع العوامل البيئية، حيث تختلف استجابة الانسان السلبي عن الايجابي، والجرئ عن الخجول، والشجاع عن الجبان... وهكذا.

ثانياً: الخصائص السلوك البشري:

1. سلوك هادف

لان من يكون السلوك البشري من أما يحقق حذف ما دقه يوجه الفرد استيجابته لتحقيق الهدف من خلال سلوكه لإشباع الحاجة المطلوبة. وليس من الضروري أن يكون الانسان مدركاً لهدفه بوضوح أو أن يكون معروفاً لديه، ولكن قد يبدو الانسان لا يعرف ما يريد، حيث يتحرك لإشباع حاجة تتحرك بداخله، وبصفة خاصة الحاجات التي تظهر للانسان في مراحل نموه العمري أو الوظيفي، ولم يكن لديه خبره سابقة عنها.

2. سلوك مسبب.

ينشأ هذا السلوك من فراغ: ولكن هناك دائما مؤثرا (سببا) يؤدي الى نشأة وظهور السلوك، وهذا المؤثر يؤدي الى تغير في ظروف الفرد الذاتية (الفسيولوجية أو النفسية) أو الظروف المحيطة به، أو في البيئة الاجتماعية المحيطة به، ويؤدي ذلك الى الاخلال بالتوازن القائم بين الفرد وبين هذه الظروف. ويؤدي ذلك أن يسعى الفرد بفكرة وجهده لإشباع السلوك المناسب الذي يمكنه من أن يعود الى توازنه السابق.

والسبب الذي يدفع الانسان لإشباع سلوك معين قد يكون داخلياً، مقل حاجة الانسان للماء عند شعوره بالعطش، أو حاجته للراحة عند شعوره بالتعب.... وهكذا. وقد يكون السبب خارجياً حيث يضطر الفرد الى سلوك معين للتوافق مع المجتمع. وتأتي الأسباب الخارجية دائماً من المعايير التي يحددها المجتمع، وحتى وإن تغيرت هذه المعايير بفعل الزمن أو الانسان نفسه فإن الفرد يغير من سلوكه مرات عديدة من أجل التوافق مه هذه الظروف.

3. الدافع للسلوك.

ويلعب الدافع أهمية كبيرة في تحديد مدى واتجاه السلوك. ويختلف الدافع عن السبب، حيث أن سبب السلوك هو الذي ينشئ السلوك المطلوب، والدافع يمثل هذه القوة الأساسية المثيرة للسلوك ويدفعه في الاتجاه المحدد. ويمثل الدافع حالة داخلية نفسية وجسمية تقود السلوك من نقطة البداية حتي توصله الى نقطة معينة.

وترتبط قوة الدافع بمدى الحاجة أو شدتها حيث يمثل الدافع الحاجة التي تسعي الفرد لإشباعها. وتستخدم الحوافز بأنواعها المختلفة كوسيلة لإشباع هذه الحاجة.

4. له أشكال متعددة (مرن)

يظهر السلوك البشري في أشكال متعددة ومختلفة للموقف الواحد الذي يواجه الفرد في ظروف مختلفة، ولمجموعة من الأفراد في موقف واحد أو موقف مختلفة. وذلك يحدد الهدف والحاجة والدافع والتوافق مع البيئة الاجتماعية المحيطة بالفرد كما أن السلوك البشري يختلف طبقاً

للمواصفات الشخصية للفرد، ومحصلة تفاعل هذه الشخصية مع البيئة المحيطة.

وهذا لا يعني أن يكون التصرف واحداً عندما يتكرر الموقف أو نفس المؤثر، حيث إن الظروف المحيطة من الصعب أن تتكرر بصورة متطابقة، ولذلك فإن الطريق الذي يستخدمه الفرد لتحقيق السلوك قد يكون مختلفاً. فمثلاً لا شك أنه عندما يطلب منك رئيسك أن تؤدي عملاً ما، سوف تختلف درجة استجابتك عما إذا كان أحد مرءوسيك هو الذي يطلب منك تأدية العمل نفسه.

ثالثاً: المجال السلوكي:

إنه الحيز المحيط بالذات، والذي تظهر فيه آثار قوي الذات من حيث إنها تحتك ببيئة خارجية تؤثر فيها وتتأثر بها. فقد تعيش مجموعة من الناس في مكان واحد (قرية أو مدينة). وهذا يمثل مجالاً جغرافياً واحداً، ولكنا نجد داخل هذا المجال عدة مجالات سلوكية. فالبيئة السلوكية سوف تختلف طبقا لطبيعة عمل رب الاسرة ومستوي التعليم للأبوين.

فالمجال السلوكي إذاً هو ذلك الحيز الذي يتعلق مباشرة بالذات وما حولها من موضوعات ويثير فيها نوعا معينا من الدوافع وهو ذلك الحيز الذي تظهر فيه آثار قوي الذات من حيث أنها جزء فعال نشط في مجال معين.

كما أنه جزء من المجال النفسي الذي يتعلق بالمثيرات الصادرة عن البيئة الجغرافية مباشرة، ويتضمن الوعي بموضوعات البيئة الجغرافية وأحداثها وأحجامها وأشكالها وألوانها، الى غير ذلك من الخواص الفيزيائية. كما يتضمن الوعي بالأحكام الجمالية والخلقية.

ومن خلال هذا التعريف يمكن تقييم السلوك الى:

1. السلوك الحقيقي: وهو السلوك الذي يحدث في البيئة الجغرافية.
2. السلوك الظاهر: وهو سلوك شخص ما في البيئة السلوكية لشخص آخر.
3. السلوك الظاهري: وهو سلوك الشخص في بيئته السلوكية.

والعوامل الأساسية التي تحكم المجال السلوكي تتمثل في:

- مجموعة العوامل أو الشروط داخل الفرد نفسه.
- مجموعة العوامل أو الشروط الموجودة حوله.

ومما سبق يتضح أن البيئة الجغرافية هي التي تنشئ البيئة السلوكية، والبيئة السلوكية تتضمن السلوك الحقيقي، ونحن لا نستطيع أن نصل بسهولة وبشكل مباشر لهذا السلوك، حيث نمر أولاً بالسلوك الظاهري.

وتحدث هذه العملية داخل الفرد ولا تحدث في الذات الظاهرية لتأثرها مباشرة بالبيئة الجغرافية لتعلقها بالسلوك الظاهري للفرد.

رابعاً: أنواع السلوك:

هناك عدة صور للسلوك الانساني سوف نعرضها فيما يلي:

1. السلوك الفردي:

وهو أبسط صور السلوك الانساني، حيث إنه يتعلق بالفرد نفسه. فعندما يتعرض الفرد الى موقف معين في الحياة اليومية (مؤثر) فإنه بصورة تلقائية يكون له رد فعل (استجابة) نتيحة لفعل المؤثر السابق.

وكما سبق أن ذكرنا أن المؤثر الواحد يؤدي الى أنواع مختلفة من السلوك لدى الأفراد، وكيف أن الاستجابات سوف تختلف وتتنوع باختلاف البيئة، بالاضافة الى العوامل الأخرى التي تؤدي الى اختلاف إدراك الأفراد للمؤثرات وتصوراتهم عن أنواع السلوك المفضلة لديهم.

وتتفاعل خصائص الشخصية مع ما يتكون لدى الفرد من معارف ومعلومات وخبرات، ويؤدي ذلك الى تكوين القيم والاتجاهات ومن خلال عملية الرقابة الداخلية يتلقى الفرد المؤثر ويحدد نوع الاستجابة المطلوبة وتختلف تلك الاستجابات طبقاً لإدراك الفرد للموقف.

وفي بعض الأحيان تختلف المواقف، ولكن تبدو الاستجابة واحدة، مثل الصمت عند الخجل أو الإهانة أو عدم المعرفة.

2. السلوك الاجتماعي:

يتعلق السلوك الفردي بالفرد نفسه، أما السلوك الاجتماعي فإنه يعني بمعرفة الفرد بغيره من أفراد الجماعة التي يعيش معها.

فالانسان كائن اجتماعي يميل الى تكوين العلاقات الاجتماعية مع غيره من الأفراد والانتماء. يبدو هذا السلوك الانساني واضحاً عند الطفولة، حيث يرتبط الطفل بأسرته التي ينشأ فيها، ثم يعمل ذلك على الارتباط بالبيئة الاجتماعية الخارجية.

ولا شك أن ارتباط فرد بآخر سوف يترتب عليه التأثير المتبادل لسلوك كل منها على الآخر، ويظهر ذلك بوضوح عندما تقوي العلاقات فيما بينهما.

ومن الطبيعي الا تقتصر العلاقات الاجتماعية على شكل الثنائي المتبادل بين فردين، فالافراد دائماً يعيشون في مجموعات، ويبرز ذلك سؤالاً هاماً وهو في حالة الجماعات الانسانية من يقوم بدور المؤثر ومن يقوم بدور المستجيب؟

مع تعدد الأفراد داخل الجماعات لا بد أن يلعب أيضاً دور المستجيب.

ولكن تختلف درجة ومدى تأثير واستجابة كل فرد من الجماعة طبقاً للخصائص الشخصية وخصائص الأفراد الآخرين في الجماعة.

ولكن غالباً ما يتأثر الفرد بمحصلة سلوك الجماعة ويمثل سلوك الجماعة الغالب أو المميز لها. ضغطاً على الفرد تمارسه الجماعة حيث تحاول الجماعة أن تجعل أعضائها متوافقين معها حتى تقبلهم في عضويتها ويؤدي ذلك الى أن يقوم الفرد بأنماط سلوكية واستجابات ترضى عنها وتقبلها الجماعة وهي التي تتفق مع قيم واتجاهات هذه الجماعة.

وقد يضطر الفرد الى تعديل استجاباته حتى تتوافق مع الجماعة حتى لا ترفضه، وتتوقف درجة هذا التعديل على درجة حاجة الفرد لهذه الجماعة وارتباطه بها.

يتأثر الفرد بمحصلة سلوك الجماعة (قيم واتجاهات الجماعة) ويمثل السلوك المميز للجماعة ضغطاً على الفرد تمارسه الجماعة، حيث تحاول الجماعة أن تجعل أعضاءها متوافقين معها حتى تقبلهم في عضويتها.

3. السلوك الجماعي (الجماهيري):

وهو سلوك جماعة كبيرة من الأفراد لديها القدرة على تطوير القواعد المحددة للسلوك بطريقة مخالفة لما هو معمول به في المجتمع على المستوى الفردي والاجتماعي، والسلوك الجماهيري هو من أهم نماذج هذا السلوك.

ويتميز السلوك الجماعي (الجماهيري) بعده خصائص غالبا ما تحكم هذا النوع من السلوك:

أ. سلوك مؤقت:

وهذا يعني أنه يظهر بسرعة، ولكنه لا يدوم طويلاً، حيث إنه يظهر لأسباب متوقعة أو غير متوقعة، ويصدر أفعالاً غير مألوفة كاستجابة للموقف (المؤثر)، إلا أنه كما سبق أن ذكرنا فهو ينتهي سريعاً.

ب. التأثير المتبادل:

حيث إن فرد داخل الجماعة الكبيرة (الجمهور) الذي يتجمع يحاول التأثير في الآخرين للحصول على الاستجابة المناسبة وتتصاعد عملية التأثير (الاثارة) والاستجابة غير المألوفة بسهولة وسرعة حتى تسود الاستجابة في شكلها النهائي.

جـ العنف:

غالباً ما تكون استجابة الجمهور للمؤثرات عنيفة وغير حكيمة، ولكن ذلك يتوقف أيضاً على بعض العوامل المتعلقة شخصية المشاركين في هذا المجتمع والموقف والمكان والزمان والمؤثرات الخارجية المحيطة.

د. الحماية:

نظراً لكثرة عدد الأفراد داخل الجماعة الكبيرة (الجمهور)، يزول الشعور بالفردية، ويشعر كل فرد أن أي تصرف منه لن يحسب عليه حيث لا توجد متابعة أو رقابة لتصرفاته. وفي الوقت نفسه فإن كل فرد لا يحاول تقييم تصرفات الآخرين. وفي بعض الأحيان يقوم الفرد داخل هذه الجماعة الكبيرة ببعض التصرفات التي كان يصعب عليه فعلها وهو بمفرده، اعتقاداً منه بأنه المسئولية لن تقع عليه.

هـ التلقائية:

ليس من الضروري أن تكون هناك معرفة سابقة بين أعضاء الجماعة الكبيرة (الجمهور)، إلا أنه نتيجة للحركة السريعة للجماعة فإنه يتصدر بعض الأفراد لقيادتها، ويستجيب لهم بعض الأعضاء في البداية، ثم ينحرف بقية الأعضاء في البداية، ثم ينحرف بقية الأعضاء في الاستجابة بصورة تلقائية وسريعة.

الفصل الثالث

السلوك الانساني والتنظيمي

العلوم السلوكية والادارية.

تطبيق العلوم السلوكية في المجال الاداري.

تطور العلوم السلوكية.

مدخل علم النفس في دراسة السلوك.

مدخل علم الانتروبولوجيا/ الجناس في دراسة السلوك.

الفصل الثالث

السلوك الإنساني والتنظيمي

العلوم السلوكية والإدارية

يستمد المفهوم الحديث للادارة أصوله من التعريف الذي قدمـه فريـدريك في أوائـل القـرن العشرين، وتايلر يعرف الادارة بأنها " التحديد الدقيق لما يجب على الأفراد عملـه، ثـم التأكـد مـن أنهم يؤدون تلك الأعمال بأحسن وأكفأ الطرق". وقد تكرر هذا المفهوم في مواقف مختلفة كما قـد يعني أشياء متباينة عند البعض من هؤلاء "الادارة" هي مجموعة الأفراد الـذين يشغلون المناصـب الرئاسية والقيادية في المؤسسات والشركات ومنظمات الأعمال المختلفـة في المجتمـع. كمـا أنهـا عنـد البعض الآخر هي مجموعة الأعمال والوظائف التي يمارسها " المديرون" في مواقع العمل المختلفـة. في حين يرى فريق من الناس على اساسها. ولم يستقر مفهـوم ادارة الحـديث الا بعـد مـرور سلسـلة طويلة من التطورات في الفكر الاداري أرست مفهوم الادارة وطبيعتها وأبعادها ومكوناتها الحديثـة، وقد ركز الباحثون بوجه عام على رفع الكفاية الانتاجية عن طريق أفضل الوسائل الماديـة وفي اطار التنظيمات الرسمية ولم يعط هؤلاء الباحثون العنايـة الكافيـة للاعتبـارات الانسـانية والاجتماعيـة في الادارة.

وببساطة يمكن حصر مفهوم الادارة في أنها عملية تحقيق أهداف محددة باستخدام الجهـد البشري، بالاستعانة بالموارد المادية المتاحة.

أي أن الادارة = أنشطة + أهدافاً + مجهوداً بشرياً

أو كما يقول البعض: إن المنطق الأساسي للادارة يتحدد في كونها عملية مستمرة تحتوي العديد من النشطة وتستخدم أشكالاً متنوعى من الموارد بعضها مادي، وبعضها الآخر إنساني، وذلك وصولاً الى أهداف محددة.

كما يمكن تعميق الفكرة من خلال استعراضنا لعدد من التعريفات التي قدمها علماء الادارة في محاولة منهم لشرح تلك الظاهرة.

-يقول رالف دافيز R.avis أن الادارة وظيفة قيادية تتكون من أنشطة رئسية هي التخطيط والتنظيم والرقابة على الانشطة التنظيمية التي يتحمل المديرون مسؤوليتها، والتي ترمي الى تحقيق الأهداف العامة للمشروع.

-أما جورج تيري G.Davis فيعرف الادارة بأنها النشاط الذي يخطط وينظم ويراقب العمليات التي يؤديها الأفراد، المواد، الآلات، رأس المال، الأسواق، والأساليب. وأن الادارة توفر التوجيه والتنسيق والإشراف على العمل الانساني لمساعدته على تحقيق الأهداف العامة.

مما سبق يتضح اتفاق مختلف الكتاب على مضمون وأساس العملية الادارية بصرف النظر عن شكل المفاهيم التي يجسدونها، وينحصر مجال الاتفاق الرئيس في الفكر الاداري المعاصر في أن الادارة عملية خلاقة تتطلب قدرات ومهارات قيادية لتجميع المجهودات والموارد المتاحة ناحية الاستغلال المثل المحقق لأهداف معينة.

وإذا كانت المدرسة السلوكية هي محور بحثنا فإنها تدور حول الانسان ذلك العنصر الفعال فب العملية الادارية والانتاجية، ومهما تقدمت الآلة وطرق صناعتها فسيظل الانسان هو العامل المتحكم في مستوى الكفاءة الانتاجية وهذا الكائن المعقد والذي يصعب تحليلة والحكم عليه ومعرفة اتجاهه وسلوكه هو محور الدراسات السلوكية.

وعليه فإنه يمكن تحديد ديناميكية الادارة كما سبق توضيحها بالشكل التالي: الادارة هي:

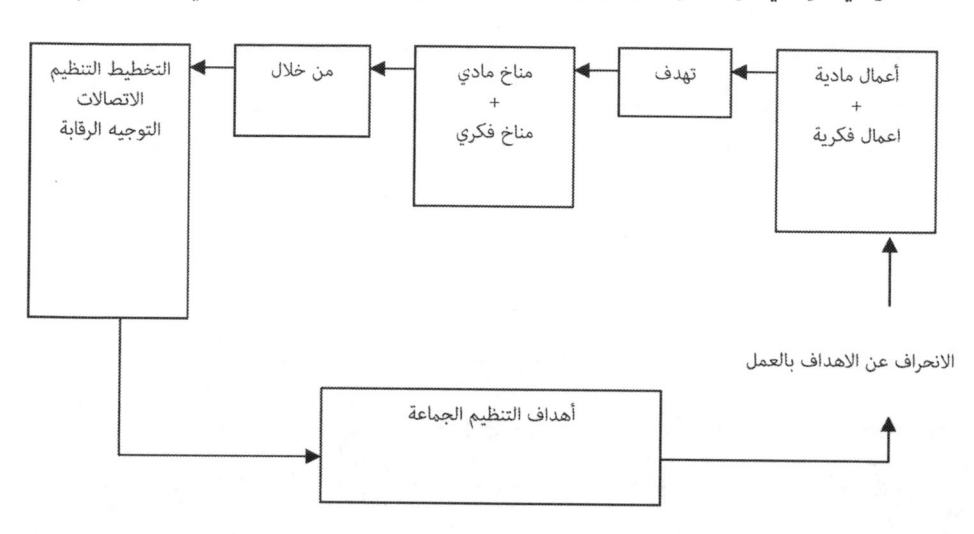

وكما هو معلوم أن التطبيق الاداري في مراحل تاريخية سابقة يتسم بالبعد عن المنطق العلمي السليم، حيث كان يخضع في أغلبه للخبرة والتجربة الشخصية للمدير دون الركون الى أساس علمي، لذلك فقد انعكست كل عيوب الأداء بالتجربة والخطأ على العمل الاداري بوجه عام، وحيث يقع الخطأ فإنه قد يصعب إزالة آثاره ونتائجه. وهذا يعني أن أنظمة العمل والادارة قد مرت بمراحل تطور طويلة ومتفاوتة في طبيعتها.

ويمكن حصر مراحل تطور أنظمة العمل والإدارة فيما يلي يمكن حصرها فيما يلي:

1. مرحلة النظام الانساني، وفي هذه المرحلة البدائية كان الانسان يعمل بيديه كل ما يحتاج إليه ويستعين بعائلته وأقاربه، وليس هناك أدوات إلا على نطاق ضيق للغاية لا يكاد يذكر، ويطلق على هذا النظام الإنساني "Man to man system".

2. مرحلة النظام الإنساني الآلي وهي المرحلة التي يمر بها حالياً، حيث الآلة موجودة في كافة عنابر التشغيل والانتاج ولكن الانسان هو الذي يديرها ويسيطر عليها، ويطلق على هذا النظام الانساني الآلي "Man to man system".

3. النظام الآلي وهو النظام الذي بدأت ملامحه تظهر في الأفق حيث تسيطر الآلة على كل شيء في المصانع ومن البداية للنهاية، فتقوم الآلة بتنفيذ برامج التشغيل دون الاستعانة بالعنصر البشري، إذا كان للانسان وجود ففي حدود ضيقة للغاية بجيث يمكن ان نطلق على هذا النظام الآلي "Man to man system".

والمرحلة الثالثة المأخوذ بها حتى الآن ستظل مسيطرة ومطبقة في مجتمع الأعمال بوجه عام، وهذا يعني مزيداً من الاهتمام بالعنصر الانساني واتجاهاته السلوكية، لا سيما وأننا ندرك ان البشر هم الذين يخلقون الحركة في المنظمات، وهم يبعثون فيها مظاهر النشاط والعمل، وهم يقومون بهذا الدور لأن المنظمات هي أدواتهم للانتاج والتبادل وإشباع الاحتياجات.

تطبيق العلوم السلوكية في المجال الاداري

تتميز المشاريع الحديثة بكبر حجمها وضخامة عدد العاملين فيها، فإلى جانب المشكلات الفنية والتنظيمية والمالية وغيرها من المشكلات التي تواجه القائمين بإدارة هذه المشاريع الضخمة. توجد مشكلات إنسانية تنتج عن وجود هذه الأعداد الضخمة من العاملين وضرورة التنسيق بين جهودهم لتحقيق الأهداف المنشودة، لا سيما وأننا ندرك حقيقة أساسية هي أن العمل الاداري يحقق أهدافه من خلال العمل الانساني فالمدير يعتمد على أفراد آخرين في تنفيذ الأعمال والمهام الواجب القيام بها للوصول إلى أهداف المشروع.

لذلك فإن تضخم حجم هذه المشاريع وتزايد عدد الاملين فيها، يخلق أمام القائمين على هذه المشاريع مشاكل كثيرة بالاضافة الى المشاكل الأخرى تتعلق بضرورة تنسيق جهود هذا الكم الهائل من العاملين الذين أصبحوا أكثر تخصصاً في العمل نتيجة للتقدم التكنولوجي، وأصبح العمل في هذه المنشآت يأخذ الشكل الاعتمادي أكثر من غيره، بحيث أصبح كل عمل يعتمد على الآخر وبصورة قوية، وكلما وجد الأفراد وبكثرة ويعتمد عمل كل منهم على الآخر كلما وجدت المشاكل الانسانية والنفسية والسلوكية.

لذلك فإن البعد الانساني والاجتماعي لكافة أنواع المنظمات التي يقيمها أفراد المجتمع يفرض ضرورة أن يدرس العنصر البشري في هذه المنظمات بما يمكن من فهم الدور الحيوي الذي يقوم به، وبما يمكن من فهم سلوكه وأنشطته التي تتم في إطار هذه المنظمات أو في رحابها.

بالإضافة الى أفراد القوى العاملة بالمشروع فهناك مجموعة من المتعاملين مع المشروع كالمستهلكين لمنتجاته من السلع والخدمات، أو الموردين أو من الموزعين، أومن أفراد المجتمع المحلي وغيرهم. لذلك فإن فهم الادارة والقدرة على الإحاطة بها يتطلب ضرورة التعرف على سلوك الأفراد داخل المشروع وخارجه وتحديد تأثير هذا السلوك على أعمال الإدارة وقدرتها على تحقيق النتائج المرغوب.

ومع تشابه الدوافع الانسانية في كثير من الحالات فإن التكوين النفسي- أو ما يعرف بالشخصية الإنسانية يختلف من فرد لأخر، ويترتب على ذلك أن تكون وجهة نظر الفرد وإدراكه للعناصر والحقائق الخارجية (من أشخاص وأشياء) يتم بطريقة شخصية محضة، ويدرك الأفراد ما يشبع حاجاتهم من حدة التوتر الذي ولدته دوافعهم، كذلك فهم يتجاهلون ما لا يصلح لإشباع هذه الحاجات والدوافع ويعرقل عملية إشباعها.

والمديرون في كافة المستويات الإدارية لن تكتمل لهم مقومات القيادة الادارية الناجحة إن لم يقفوا على حقيقة دوافع الأفراد سواءٌ منها الشعورية أو اللاشعورية وحاجاتهم ومكونات وهياكل شخصياتهم الانسانية واتجاهاتهم النفسية وقدراتهم وميولهم الى الجانب مستوى الذكاء والعمليات العقلية من إدراك وإحساس وتذكر وتخيل وتفكير وغيرها بالاضافة الى الوقوف على أثر الظواهر الانفعالات اللاشعورية في سلوك الأفراد وطرق تفكيرهم.

بالاضافة لذلك ينبغي على الإدارة الاهتمام بالسلوك الجماعي إلى جانب الاهتمام بالسلوك الفردي، وأثر الأول هذا الأخير والناتج عن تفاعل الأفراد في مجموعات لها وزنها وقيمتها وعقائدها، ولقد تبين من خلال الأبحاث التي أجريت أن للجمعات تأثيرها الخاص على الكفاية الانتاجية غير رسمية ودوراً بارزاً في زيادة الانتاجية.

وعليه فإن رجل الإدارة معني بدراسة العلوم السلوكية لتعينه على تحقيق أهداف الإدارية المختلفة مثل:

1. اختيار التوظيف والتي على أساسها يتم قياس الجوانب المطلوبة في الشخص، على أن تجرى هذه الاختبارات في ظروف نفسية عادية بالنسبة للمتقدم وخالية من جو الرهبة والخوف.

2. تقوم أداء الأشخاص في المسائل المتعلقة بالعمل والإنتاج وما يتعلق كذلك بأسلوب التعامل مع الرؤساء والمرؤوسين ومدى التعاون في العمل.

3. التعرف على دوافع تكوين التنظيمات غير الرسمية، وتسخيرها لصالح المنظمة كلما كان ذلك ممكناً، وتقليص آثارها السلبية من خلال استخدام أفضل الطرق، وبما لا يتيح مجالاً لاستخدام ردود الفعل العنيفة.

4. تنمية النواحي الإشرافية والقيادية في المنشأة بحيث لا تمثل القيادة سلطة أو تعسفاً، وإنما يجب أن تتجه الاتجاه الديمقراطي حتى لا يميل العاملون إلى الحقد والكراهية للمنظمة وأعضائها.

5. تصميم البرامج التدريبية على أسس علمية سليمة بهدف تغطية النقص في الاستعدادات والقدرات عند الأفراد العاملين في منظمة.

6. التعريف على دوافع الشراء، وهل هي دوافع عقلية؟ أم عاطفية؟ بالاضافة الى دوافع التعامل مع المتاجر ومنافذ التوزيع، بما يساعد على رسم سياسات إعلانية صحيحة، واختيار وسيلة التوزيع المناسبة.

7. رسم سياسة رشيدة للحوافز في المنظمة بحيث تحقق الهدف المنشود منها وبأقل التكاليف.

تطور العلوم السلوكية

لقد ازداد الاهتمام في الوقت الحالي بدراسة وتطوير العلوم السلوكية الى حد جعلها ترقى الى مستوى العلوم الطبيعية، حيث اعتبرت بمثابة التقسيم الرئيس الثالث للعلوم الى جانب العلوم الطبيعية والبيولوجية، وقد كان لزيادة حجم مشكلات السلوك الإنساني في المجالات الحياتية المختلفة وبلوغها درجة معينة من الشدة والخطورة أثر كبير في الدفع بالعديد من المسؤولين عن التنظيمات الاجتماعية والاقتصادية الى طلب العون والمساعدة من العلماء المتخصصين في دراسة السلوك الإنساني.

وعليه فقد انحصر الهدف الأساسي من العلوم السلوكية في تقديم تفسير للسلوك الإنساني يستند الى الأسس العلمية. وسنعرض هنا الميادين العلمية ذات العلاقة بالسلوك الإنساني على النحو التالي:

أولا: علم النفس

علم النفس: يهتم علم النفس أساساً بدراسة سلوك الفرد، والظروف التي تصاحب أو تسبق ذلك السلوك مما يساعد على فهمه وزيادة التنبؤ به والتحكم بتصرفاته سواء كان ذلك السلوك ظاهرياً ومباشراً أو غير مباشرة كما يهتم بتحليل الدوافع الإنسانية وانعكاساتها السلوكية.

على العكس من ذلك فإن العلوم السلوكية والاجتماعية الخرى تهتم بدراسة سلوك جماعات مختلفة من الأفراد، فالاقتصاد، وعلم السياسة، والاجتماع أو علم دراسة الأجناس جميعها تركيز في دراستها على السلوك الاجتماعي وتحليل مظاهره المختلفة كالشراء والبيع، التصويت في الانتخابات، الذهاب الى المساجد... وغيرها من مظاهر السلوك الاجتماعي التي تحدد بعض الصفات العامة أو المنظمة لأوجه نشاطج فئات معينة من الناس.

إلا أن علم النفس يبحث في اسباب السلوك الانساني أثناء تفاعله مع البيئة ومحاولة تحقيق التوافق معها، وبهدف فهم هذا السلوك والتأثير فيه، وعلى هذا الأساس يمكن تعريف علم النفس على أنه علم سلوك الفرد في المجتمع فالسلوك الفردي هو محصلة التفاعل بين تفكير الفرد، الدوافع أو الرغبات التي يشغر بها، والعواطف التي تعتمل في نفسه، لذلك فإن مفاهيم الشخصية والإدراك والدوافع، وسيكولوجية النمو، ونظرية التعلم والقيم والاتجاهات، وأهمية العوامل البيئية والوراثية في نمو الفرد وسلوكه التي هي من مفردات علم النفس ذات أهمية كبيرة في مجال السلوك التنظيمي والادارة.

كما ينظر البعض الى علم النفس الاجتماع على انه الدراسة التجريبية للفرد في المواقف الاجتماعية والثقافية، وبذلك نرى علم النفس الاجتماعي يتعدى نطاق الاطار السيكولوجي للفرد الى الآفاق الاجتماعية التي يعيش فيها الإنسان

ويتأثر بها سلوكه. لذلك فإن المظاهر السيكولوجية الأساسية لا بـد مـن دراسـتها في ضوء المـؤثرات الاجتماعية العديدة التي تسهم في تنمية وتشكيل الشخصية الانسانية، وفي العـادة فـإن التجـارب الاجتماعية للانسان والمتكررة هي فقط محل دراسة واهتمام علم النفس الاجتماعي.

وتختلف اتجاهات البحث في علم النفس الاجتماعي حيث تتعدد بين المتاب في هذا المجـال بصدد أسلوب البحث والدراسة، فهناك اتجاه ينادي بأن فهم السلوك الاجتماعي للانسان لا يـتم الا بفهم ودراسة التصرفات الظاهرة في المواقف الاجتماعية المختلفة، ويـرى أصـاب هـذا الاتجاه ان دراسة الدوافع، الاتجاهات، المشاعر، وما الى ذلك لا تؤدي الى فهم صحيح لسلوك.

وهناك اتجاه معارض يرى أن الاتجاه الأول ر يصلح الا دراسة الأنماط البسيطة من السـلوك، ويركز أصحاب هذا الاتجاه على ضرورة دراسة الدوافع، الاتجاهات ، القيم، الادراك وما الى ذلك مـن عمليات سيوكلوجيه تؤثر على سـلوك الانسان ويـؤدي هـذا الاتجاه بالضروره الى ابتكار اسـاليب وطرق لاستنتاج تلك المشاعر والدوافع غير الملموسة

والاتجاه الثالث الذي يسود دراسة علم النفس الاجتماعي ينادي بان الاهتمام الزائد بدراسة صفات الشخصيه التي تتكون نتيجة للخبرة والتجربة على مدى زمني طويل يؤدي إلى التقليـل مـن شأن وأهمية القـوى الوقتيـة المبـاشرة الموجودة في أي وقت اجتماعي والتـي تـؤثر عـلى السـلوك الإنساني بطريقة مستقلة تماماً عـن ماضيه وخبرته، وكـذلك فـإن أنمـاط السـلوك الإنساني تتبـاين باختلاف المواقف الاجتماعية التي يمر بها الفرد، كما نجد علم النفس الاجتماعي يركز عـلى دراسـة عدد من الموضوعات الأساسية التي تساعد على تفسير السلوك الفردي في إطاره الاجتماعي، منها مـا يلي:

الجماعات الإنسانية، الدور الاجتماعي، التطويع الاجتماعي، الإدراك والاتجاهات والدوافع. وعلى سبيل المثال، فإن علم النفس التطبيقي يخدم ادارة بشكل كبير، وذلك من خلال ما يحققه من أهداف أهمها ما يلي:

1. بحث زيادة الكفاية الإنتاجية.
2. زيادة توافق العامل في العمل مما يؤدي إلى خفض التوتر تستثيره الحاجات.
3. إيجاد نوع من الاستقرار الوظيفي عن طريق حل المنازعات ومصادر الشكاوى.
4. معرفة متطلبات العمل من الخصائص الشخصية حتى يمكن استخدام ذلك عند تعيين الموظف.
5. تحسين نوعية العمل بشكل لا يفقد العامل الاهتمام به ويحد من قدرته.
6. فهم النمط الثقافي المتمثل بالقيم والاتجاهات السائدة في العمل.

ثانيا: علم الاجتماع

يعد علم الاجتماع واحداً من الروافد الأساسية في العلوم السلوكية وهو عبارة عن مجموعة من المعارف العلمية عن العلاقة الإنسانية في المجتمع، حيث يهتم بالفرد في سلوكه وعلاقاته مع الألإراد الآخرين، أي أن موضوع الدراسة والبحث في علم الاجتماع هو التفاعل الإنساني، كذلك يهتم بدراسة المجتمع، والنظم الاجتماعية والجماعات الصغيرة في تفاعلاتها وما تنتج عنه من مؤسسات وتقاليد.

إن علم الاجتماع يتركز أساساً في بناء هيكل متكامل من المعرفة عن طبيعة العلاقات الإنسانية التي تنشأ كنتيجة لسلوك شخص ما أخذاً في

الحسابات سلوك الاخرين، وتأثيره على مجموع سلوكه، كما تتم أيضاً دراسة أنماط التفاعل الاجتماعي وتحليل المواقف المختلفة التي تصاحبها، كذلك يهتم من ناحية أخرى بتأثير تلك العادات والتقاليد، والقيم ذاتها على الحياة الجماعية للأفراد.

وعليه فيعرف علم الاجتماع بأنه: " ذلك العلم الذي يدرس افنسان في علاقته بالبيئة التي تحيط به بعنصريها الإنساني والطبيعي. حيث ينظر علم الاجتماع الى افنسان بوصفه كائنا اجتماعياً يعيش مع أفراد آخرين في بيئة اجتماعية منظمة وتربطه بهم علاقات اجتماعية تبرزها الحاجة الى التعاون والشعور بالانتماء، كما يهتم علم الاجتماع بدراسة التفاعل الاجتماعي، التي تشمل ما يلي:

- دراسة العمليات الاجتماعية مثل التعاون، المنافسة، الصراع، كيفية حل الصراعات بين أفراد الجماعات.
- الحركة الاجتماعية ومحدداتها.
- العلاقات العنصرية والمعتقدات السائدة في المجتمع.
- دراسة السلوك الجماعي: إذ يهتم علم الاجتماع بدراسة المشكلات الاجتماعية مثل انحراف الشباب، البطالة، الجهل، وما إلى ذلك من مظاهر تميز جماعات كبيرة من الأفراد.
- وقدج تفرعت دراسات علم الاجتماع طبقا لخصائص المجتمع موضع الدراسات، وشملت الفروع التالية:

1. علم الاجتماع الجنائيب.
2. علم الاجتماع الصناعي.
3. علم الاجتماع العلاجي.
4. علم الاجتماع المهني.
5. علم الاجتماع السياسي.

وتعددت كذلك موضوعات دراساته لتشمل ما يلي:

1. دراسة الاتصالات والرأي العام.
2. العلاقات العنصرية والدينية.
3. الجماعات الصغيرة.
4. الجوانب الاجتماعية في الفن.
5. الجوانب الاجتماعية في التعليم.
6. الجوانب الاجتماعية في القانون.

تلك هي مجالات دراسة علم الاجتماع وتتصف باهتمامها بالتفاعل بين الجماعات وانماط السلوك الاجتماعي.

ثالثا: علم دراسة الأجناس (انثروبولوجيا)

إن التعرف الشائع للانثروبولوجيا هو أنها علم دراسة الأجناس البدائية والمجتمعات البسيطة، وعلى الرغم من صحة هذا التعريف بسبب من الاهتمام الذي أولاه علم الأنثروبوبوجيا في تجميع معلومات هامة عن مجتمعات وأجناس غريبة وضاربة في القدم، إلا أن علم النثروبولوجيا قد أولى اهتماماً كبيراً بدراسة المجتماعات والأجناس الحديثة.

وتهتم الدراسات في هذا المجال بالجانب المتعلق بالعلاقات والميول والتقاليد وأساليب المعيشة والتكيف للانسان سواء من الجوانب المادية مثل نمط المباني واللباس والمعدات المستخدمة والجوانب المعنوية مثل اللغة والعلاقات الاجتماعية السائدة وما يتصل بهما.

زلعل أهم المفاهيم في علم الأنثروبولوجيا هو مفهوم " الثقافة" ويعنى به طريقة الحياة لمجتمع معين، ولا شك أن تلك الطريقة في الحياه تتضمن العديد من

مظاهر السلوك التي تمثل الأفعال العادية والمتوقعة لأعضاء هذا المجتمع في مواجهة مواقف معينة.

وعلم الأنثروبولوجيا يجمع بين خصائص العلوم الفردية الانسانية التي تركز على دراسة الانسان مفرد مثل علم النفس، وعلم الفسيولوجي (علم وظائف الأعضاء) وخصائص العلوم الاجتماعية مثل علم الاقتصاد وعلم السياسة وعلم الأديان وغيرها.

ويبحث علم الأنثروبولوجيا في شق هام منه المسائل المهمة التالية:

- وجود اختلاف أساسية بين ثقافات المجتمعات المختلفة. ودراسة مداها.
- الأسباب التي تؤدي إلى وجود تلك الاختلافات بين الثقافات.
- الصفات التي تشترك فيها كل الثقافات.

مما سبق يتضح لنا أهمية الدراسات الأنثروبولوجيا بوجه عام، على أن ما يدخل منها ضمن العلوم السلوكية هي الأنثروبولجية الاجتماعية، وكذلك الأجزاء المهتمة بدراسة الحضارات الإنسانية للمجتمعات القائمة باعتبارها أجزاء تهتم بدراسة وتحليل السلوك الإنساني.

الفصل الرابع

الشخصية

المفاهيم السمات

أولاً: المفهوم

ثانياً: تكوين الشخصية.

ثالثاً: وصف وسمات الشخصية.

الفصل الرابع

الشخصية

أولاً: المفهوم

الشخصية إحدى المجالات المهمة التي يتناولها الكثير من العلوم الاجتماعية بالدراسة والبحث. فهي مجالات للدراسة لعلم النفس، وعلم الاجتماع، زعلم النفس الاجتماعي، وعلم النفس الاكلينيكي والمرضي، وعلم النفس التربوي، الا أنها تحظي أيضاً باهتمام كبير في دراسة العلوم السلوكية.

وإذا أردنا أن نحدد بعض التعاريف الخاصة بالشخصية، سوف نعرض هذه التعاريف من خلال طريقة تناولها في المجالات العلمية المختلفة.

المفهوم الاجتماعي الشخصية:

- عبارة عن تنظيم يقوم على قيم واتجاهات وسمات وعادات وسلوك الشخص، ويقوم ذلك التنظيم على عادات اجتماعية وثقافية وبيلوجية مختلفة.

- ناتج تفاعل الكثير من المؤثرات الاجتماعية مع الكيان العضوي للفرد، ولذلك فهي مجموعة القيم التي يحملها، بالاضافة الى سماته العضوية.

- التكامل الاجتماعي والنفسي عند الانسان، ويظهر ذلك من خلال الاتجاهات والآراء والشعور والعادات والتعامل مع الشخصيان الأخري.
- الأنسان السلوكية التي تكتسب من خ لال مختلفة عمليات التعليم والتفاعل الاجتماعي.

ويمكن تلخيص المفهوم الاجتماعي للشخصية في أنها ناتج التفاعل الاجتماعي والثقافي بين الفرد ومجتمعه.

المفهوم النفسي للشخصية:

وهو يركز على الفوارق الفردية، أي الصفات التي تميز شخصا عن آخر.

وق انتهي علماء النفس الى تعريف الشخصية على أنها تكامل مجموعة العادات التي تمثل خصائص الفرد في تعامله مع المجتمع، وهي أيضاً ذلك العنصر الاجتماعي الذي يظهر في تكييف الفرد لنفسه مع المجتمع (كمبف).

وتتخذ فكرة التميز أو الانفرادية مكاناً بارزاً في التعارف كما في تعريف شن، حيث يعتبر الشخصية هي التكوين المنتظم أو الوحدة العامة الناتجة عن العادات والاستعدادات والعواطف التي تميز فرداً عن المجموع، وتجعل منه وحدة مختلفة عن باقي وحدات المجموعة التي ينتمي اليها.

أما بيرت فقد عرف الشخصية هي التنظيم الديناميكي الكامل في الميول والاستعداد الجسمي والفعلي الثابت نسبياً والتي تعتبر تميزاً خاصاً

للفرد يتجدد بمقتضاها أسلوبه الخاص للتكيف مع البيئة الاجتماعية والمادية .

أما الشخصية من وجهة نظر الولبرت هي ذلك الطابع المميز للفرد في سلوكه والذي ينشأ من التفاعل المستمر مع البيئة المحيطة به، أو هي تلك التنظيم المتكامل لجميع مكنونات الفرد الجسمية والعقلية الموروثة والمكتسبة، الشعورية، والاشعورية، ودائمة التفاعل مع مكونات البيئة (تعريف أو لبرت).

وإذا وجدت وصف كامل لشخصية الفرد فإنه يشتمل على عدة عناصر، منها القدرات الذهنية، والدوافع المكتسبة، مع نمو الفرد وردود الفعل العاطفية والميول والاعتقادات الشخصية والقيم الأخلاقية والذي يهمنا في ذلك المجال هو درجة اختلاف تداخل هذه العناصر مع بعضها من فرد لآخر بحيث يمكن التفريق بينه وبين غيره من الأفراد.

مع أنه ليس هناك تعريف محدد للشخصية، ولكننا نستطيع أن نقول إنها أنماط مميزة للسلوك والتفكير تحدد مدى تكيف الشخص مع البيئة المحيطة.

وتتميز مكونات الشخصية بصفة الديناميكية والتفاعل المستمر والمتبادل، مما يجعل من الصعب الحكم على جانب واحد من جوانب الشخصية أو قطاع واحد بشكل مستقل عن الباقين فمن الصعب الفصل بين الجسم والعقل، حيث يوجد هناك التأثير المتبادل فيما بينهم.

ومما سبق يتضح لنا أن الشخصية وحدة واحدة يجب دراستها كتنظيم كلي عام.

ثانياً: تكوين الشخصية:

يولـد الانسـان باسـتعدادات كافيـة معينـة تـأتي نتيجـة لاسـتعدادات أعضـاء الجسـم وحجمها وشكلها، ومع أن الأطفال حديثي الولادة بتصرفون بطريقة واحدة إلا إنهم عـادة مـا يتصرفون بنفس الطريقة تقريباً، والسمات التس سوف تجعل لكل منهم سلوكاً مختلفاً عـن الآخرين ومميزاً له كافية وتظهر فيما بعد.

وعندما نقوم بفحص التوائم الكثيرة التي يضعها المهتمون بدراسة المكونات الشخصية، فإننا سوف نجدها وأن اختلفت في ظاهرها من حيث العدد والتفاصيل الكثيرة حولها، إلا أننا سوف نجد العوامل المحددة لمكونات الشخصية هي:

1.   شكل وطبيعـة وسـلامة الجسـم والنـواحي الخلقيـة لهـم تـأثير في شخصـية الفرد.

2.   النمو العقلي والمستوى المعرفي لهما تأثير مهم على الشخصية.

3.   تأثير النواحي المزاجية (التفاؤل – التشاؤم...... الخ) على سلوكه.

4.   كما سبق أن ذكرنا فإن البيئة المحيطة ذات تأثير كبير على السلوك.

ويختلف تركيز اهتمام العلماء يتكوين الشخصية طبقا لمجالات اهتمامهم، فسوف نجد أن العلماء النفس والأطباء يعتمون بصورة أكبر بالنواحي الجسمية والانفعالية والمزاجية، ويركز علماء النفس الجنائي

والمتخصصون في الدراسات الجنائية على أهمية الناحية الخلقية، ويركز علماء النفس التربوي على النواحي المعرفية.

وتعتبر الشخصية عن مدى التأثير الاجتماعي الايجابي للفرد، وبمعنى آخر مدى قابلية الآخرين لقبول سلوك الفرد والتفاعل معه.

وصقل الشخصية يعتمد على اكتساب الفرد للمعلومات والمهارات اللازمة، مثل المظهر والتحدث والتصرف وكما سبق أن ذكرنا فإن السلوك هو نتيجة التفاعل بين الشخصية من جهة والمجتمع والمحيط الطبيعي من جهة أخري.

وعند محاولتنا لإيجاد وصف كامل للشخصية، فسوف نجد أنه يشتمل على عناصر كثيرة مثل القدرات الذهنية والدوافع المكتسبة مع نم الفرد والاستجابات العاطفية والقيم والاتجاهات. والذي يعنينا في هذا المجال هو اختلاف وتداخل هذه العناصر مع بعضها من فرد الى آخر، بحيث يمكن التفرقة بينه وبين غيره.

والأمور التى قد تطرأ على القدرات التي قد يولد بها الطفل.

تعتمد على تجارب وخبراته المكتسبة أثناء نموه ويمكن في هذه الحالة التمييز بين نوعين من الخبرة.

الخبرة العامة، والخبرة الخاصة أو الفريدة.

والخبرة العامة هي التي تكون مشتركة بين الأفراد ذات النشأة الاجتماعية والثقافية الواحدة، أما الخبرة الخاصة أو الفريدة فهي التي حدثت نتيجة التجارب والتفاعل التي تنشأ فيها الفرد. ومع أن الظروف الثقافية لمجموعة من الأفراد يؤدي في الغالب الى ظهور صفات عامة

مشتركة فيما بينهما، إلا أن الشخصية الفردية لا يمكن أبداً التنبؤ بها بصفة تامة من خلال المجموعة التي نشأ فيها الفرد. وذلك للأسباب التالية:

اختلاف التأثير الثقافي على الشخص، لأنه يصدر عن أشخاص لا يتفقون في جميع قيمهم وخلفياتهم واتجاهاتهم الشخصية.

لدى كل فرد خبراته الخاصة والمنفردة، والتي ليست متشابه مع الآخرين.

وتتكون الخبرات الفريدة لدى الفرد من خلال تفاعله بطريقة الخاصة مع الضغوط الاجتماعية. والفوارق الفردية هذه قد تنتج من فوارق بيلوجية وهي فوارق في القوة، والطبيعة والحساسية ودرجة التحمل، كما يتأثر السلوك بالثواب والعقاب الذي يتعرض له الفرد في المراحل نموه، ويبدو ذلك واضحاً عليه في المواقف المختلفة.

وبالاضافة الى تأثير الوراثة البيولوجية والثقافية في تكوين شخصية الانسان فإن المواقف والأزمات التي يمر بها قد تعطل بعض جوانب النمو في شخصيته.

ثالثاً: وصف وسمات الشخصية:

1. نظريات نوع الشخصية:

لقد أجريت محاولات ودراسات عديدة لفهم الشخصية، ونظرا لأن كل فرد يملك خبراته العامة والفريدة، وهي التي تتفاعل مع الصفات الكامنة أو الموروثة، فهناك نظريات كثيرة تصف الشخصية الناتجة عن هذا التفاعل. ويمكن تلخيص معظم هذه المحاولات في مجموعتين:

أ. التصنيف الرباعي للأمزجة.

ويرجع هذا التصنيف الى تفسيرات (هيبوقراط) وهو طبيب يوناني قديم، والذي يعتمد على أساس الأمزجة، أي أمزجة السوائل الغالبة في الجسم، ويرى هذا العالم أن اختلاف الكيميائي العضوية في الجسم يتحكم في شخصية الفرد ولقد قسم هذه الأمزجة الى أربعة أقسام.

- الدموي (المتفاعل) – متفاعل ونشط وسهل اتلاستثارة.
- الصفراوي (جاد المزاج) – شديد الانفعال – جاد-قوى الاستجابة.
- السوداوي (المتشائم)-مكتئب- بطئ التفكير-ثابت الاستجابة.
- البلغمي (المتلبد)-خامد وبليد-بطئ الاستثارة والاستجابة.

والشخصية السوية هي التي تنشأ من توازن هذه الأمزجة الأربعة إذا اختلطت بنسب متكافئة. ويظهر الانسان مريضاً عنده بعض الأمراض السلوكية عند حدوث اختلال في هذا التوازن.

وفي العصر الحديث انتهت فكرة أن الأمزجة مكونات كيميائية تؤثر في شخصية الفرد، وجاءت التفسيرات الحديثة بفكرة الهرمونات وهي عبارة عن إفراز من الغدد الموجودة بجسم الانسان.

ووهذه الافرازات الغددية لا يقتصر تأثيرها على المكونات العضوية لجسم الانسان، بل يمتد تأثيرها أيضاً على المكونات العضوية لجسم الانسان، بل يمتد تأثرها للصفات المزاجية.

ب. نظرية الأنماط الثنائية.

وهذه النظرية للعالم (يونج) والتي جاءت في محاولاته لتصنيف الأنماط الانسانية، ويرى يونج أنه يمكن تصنيف الأفراد من حيث اتجاهات النفسي العام وأسلوب تفاعلهم مع الآخرين الى:

الشخص المنطو: وهو الانسان الذي ينسحب من المجتمع المحيط به، وبصفة خاصة في أوقات الصراع وعندما يواجه الضغوط العاطفية.

الشخص المنبسط: وهو الانسان المنفتح، والذي يكون مقبولاً اجتماعياً بين المحيطين به، ويحقق نجاحاً ملموساً في الوظائف أو الأعمال التى تعتمد على مهارات التعامل مع الآخرين.

وتبدو نظريات نوع الشخصية ذات جاذبية لسهولة استخدامها، ولكن الشخصية في واقع الأمر أكثر تعقيداً.

2. نظرية السمات الشخصية:

قامت هذه النظرية على أنه يمكن وصف الشخصية في عدد من المحاور المستمرة والمتصلة. والمقصود بالسمة هو أي خاصية يختلف فيها الناس أو تتباين من فرد الى آخر. ويأتي تحديد السمة عادة من ملاحظة السلوك (مثل الشخص العدواني)، مع ملاحظة أن السلوك يستخدم في تحديد السمة، ولكن السمات لا تفسر السلوك في الظروف المختلفة.

والسمة قد تكون استعداداً فطرياً ومتوارثاً، مثل شدة الانفعال أو ضعفه، وقد تكون السمة مكتسبة مثل السمات الاجتماعية (الصدق والأمانة والاخلاص).

ومن هنا يمكن تعريف السمة بأنها أي صفة فطرية أو مكتسبة يمكن أن نفرق على أساسها بين شخص وآخر.

والسمات الشخصية ثابتة لدى الفرد، ولكنها تتباين بين الأفراد، وهذا التباين يوجد في مستويات مختلفة يؤثر فيها عاملان:

المظاهر الموضوعية للسلوك: وهي السمات التي يمكن أن يلاحظها الأفراد الآخرين ويحكمون عليها، مثل الخصائص الجسمية.

الأحداث النفسية الذاتية: وهي آليات السلوك أو التأثرات التي لا يمكن رؤيتها بطريقة مباشرة، مثل المشاعر والرغبات والدوافع.

وتقع سمات الشخصية بين المظاهر الموضوعية للسلوك والأحداث النفسية الذاتية.

3. قياس عوامل الشخصية:

يركز السلوكيون المهتمون بنظرية السمات على تحديد السمات الأساسية التي توفر معنى عن الشخصية، بالاضافة الى العمل ايجاد طريقة لقياس تلك السمات الأساسية. واختيارات عوامل الشخصية كثيرة ومتنوعة.

أ.   التقييم الاجمالي الشخصية:

المقابلة: وهي طريقة تحتاج الى متخصص تم تدريبه لتجنب الذاتية في الأحكام.

الاختبارات الاسقاطية: اختبار تفهم الموضوع وعلاقات الأشياء، وهي طريقة تقوم على إلغاء بعض الأسئلة المعدة من قبل، ويتحتم إجراء مثل هذه الاختبارات بواسطة المتخصص من ذوي الدراية الواسعة بالنفس والسلوك الانساني.

ب. قياس سمات معينة في الشخصية:

وهو نوع من الاخنبارات المقننة والكثر موضوعية، وأكثر سهولة في التطبيق الفردي أو الجماعي حيث تتم غالباً من خلال استبيانات يتم استيفاؤها من الألإراد المستهدفين، وتتباين من حيث الزمن الذي تحتاج اليه في الاجابة عن اسئلتها، ويتوقف ذلك على غرض وظروف الاستفتاء.

وتفسير نتائج هذا القياس يحتاج أيضاً الى المتخصص ذوي الخبرة السلوكية.

ويعتمد تعيين السمات الشخصية على:

- قيام الفرد بوصف نفسه عن طريق اجابته عن اسئلة تدور حول ميوله وشعوره وسلوكه.
- قيام شخص آخر بتقييم سمات الشخص، من خلال ما يعرف عنه أو من خلال الملاحظة المباشرة.

الفصل الخامس

القيم والاتجاهات

والسلوك الانساني

أولاً: القيم:

1. القيمة

2. أنواع القيم.

ثانياً: القواعد والأنماط السلوكية:

1. المفهوم.

2. أنواع القواعد السلوكية.

ثالثا: الاتجاهات:

أولاً: القيم:

1. القيمة:

لا ينشأ سلوك الانسان من فراغ، فالاستجابة الفورية للفرد في أي موقف والتي تختلف من فرد لآخر، وربما من موقف لآخر لا تأتي من فراغ، ولكنها تأتي من تعليمات صادرة من العقل الى أجزاء الجسم المتوطة بالتفاعل مع هذا الحدث.

ولا شك أن سلوك الانسان هذا يتأثر بمجموعة القيم والقواعد السلوكية التي تمثل الدستور والقوانين الخاصة التي تحكم سلوك الفرد وتدفعه الى أن يختار السلوك المناسب له.

ومن الطبيعي في محاولة فهمنا للسلوك البشري أن نعمل على اكتشاف هذه القيم والقواعد التي تنظم هذا السلوك وتوجيهه وسوف يعني هذا أن نبحث في مفهوم القيم وتأثيرها على تكوين اتجاهات الانسان وآرائه ومعتقداته.

القيمة: هي مجموعة الإعتقادات المؤكدة والتي تمثل دستوراً بالنسبة للفرد، حيث يؤمن بها وستحدد منها شرعية افعاله وسلوكه.

أنواع القيم:

تلعب القيم دوراً مؤثراً في تحديد السلوك الانساني، وكما سبق أن ذكرنا، أن هذه القيم تؤثر على الأحكام التي يصدرها الفرد، وعلى تقديره للأشياء أو الأفراد الذين يتفاعل معهم ويؤثر ذلك بالتالي في سلوكه تجاههم.

وتنوع القيم التي يحملها الانسان الى قيم عدة سوف نذكر أهمها وهي:

أ.   القيمة النظرية (المعرفية):

هي التي تعكس اهتمام الفرد بالمعرفة والبحث عن الحقائق وتظهر هذه القيمة عند العلماء والفلاسفة والباحثين.

ب. القيمة الاقتصادية:

وهي التي تعكس سيطرة العوامل والجوانب الاقتصادية المختلفة على التفكير بعض الأفراد مثل الربح والخسارة، والعائد والتكلفة، والفوائد المادية التي يمكن أن يحصل عليها من جراء السلوك. وتظهر هذه القيمة واضحة عند أصحاب الأعمال والبائعين والتجار.

جـ القيمة الاجتماعية:

وتعكس هذه القيمة تفضيل الفرد للعلاقات الاجتماعية مع الآخرين وحبه للناس واعتزازة بالعلاقات والقرابة. وسعيه الدائم الى تكوين علاقات مع الآخرين وكسب حبهم.

د. القيمة الصحية:

وهي تعكس الاهتمام الشديد بالجوانب الصحية والاتباع الصارم، بل والمبالغة في اجراءات الوقاية الصحية واستخدام المطهرات، واتباع الارشادات بصورة دائمة.

هـ- القيمة الجمالية:

وهي التي تعكس اهتمام الفرد بالشكل أكثر من المضمون، حيث يهتم بالشكل والألوان وتناسقها والحجم دون الاهتمام بالجودة في الصنع أو الاداء.

ويمكن إضافة بعض القيم الأخرى مثل القيم الدينية والسياسية والثقافية، وكل منها يعكس اهتمام الفرد بها.

وليس معنى ما سبق أني ذكرناه أن الفرد لديه قيمة واحدة يعمل بها، ولكن جميع القيم المذكورة موجودة عند كل فرد، ولكن في الوقت نفسه هناك نوع من صراع القيم داخل كل فرد، وهو يرتب هذه القيم بشكل مختلف من فرد لآخر، ويؤدي هذا التراتيب الى ما يسمى باتجاهات الفرد والذي ينعكس على سلوكهم.

ثانياً: القواعد والأنماط السلوكية:

1. المفهوم:

تبدو أهمية القواعد والنماط السلوكية واضحة في عمل الجماعات أو المجموعات بأنواعها وأشكالها المختلفة، حيث يوجد لدي كل مجموعة من القواعد أو مايطلق عليها الأنماط السلوكية التي تتخذها الجماعة كإطار مرشد لسلوك الأعضاء.

وغالباً ما تشمل هذه القواعد بطريقة عشوائية، ولكنها تعتبر امتداداً وتعبيراً عن القيم السائدة لدي المجموعة أو المجتمع. ولذا فان قيم المجتمع هي المرجع الرئيس لتحديد وصياغة هذه القواعد.

2. أنواع القواعد السلوكية:

تتم صياغة القواعد السلوكية في كل مجتمع من المجتمعات بطرق متعددة بعضها يكون محددا بدقة ومسجلا ويخضع للثواب والعقاب العام. والبعض الآخر يخضع للثواب والعقاب الاجتماعي.

ومن خلال هذا المفهوم تقسم القواعد السلوكية الى أربع مجموعات رئيسية:

أ. القواعد القانونية (المؤسسية) للمجتمع:

وهي عبارة عن الدستور العام والقوانين التي يتم تشريعها وتحديدها وتنفيذها بواسطة مؤسسات الدولة والسلطة السياسية والحاكمة فيها، ويرتبط الثواب والعقاب في تطبيق هذه القواعد بمصلحة المجتمع ونموه.

ب. المحظورات والحركات:

هي القواعد والمعتقدات الثابته في عمق الأفراد والمجتمع والتي يعتبر المساس بها جريمة كبيرة وتظهر الى مرتكبها على انهم خارجي عن المجتمع وسط من قدردهم ويرفضون التفاعل معهم.

جـ الأعراف:

وهي عبارة العادات والتقاليد الاجتمعاية الحاكمة والتى حددها واتفق عليها المجتمع وتستمر لفترات طويلة يلتزم بها جميع الأعضاء، وتفرض مثل هذه المجتمعات العقوبات الاجتماعية على المخالفين اهذه العادات, والعرف بصفة عامة لا يحتاج لأسلوب المؤسسات القانونية لفرض الالتزام به، فالجماعات والمجتمعات المختلفة تستخدم بعض الأساليب غير الرسمية أيضاً

لإلتزام أعضائها بالأعراف القائمة وكيفية اتخاذ السلوكيات التي تتلاءم مع هذه القواعد التي يحددها هذا العرف.

د. القواعد العامة (الشعبية):

وهي لا تمثل أهمية كبيرة في حياة وأولويات المجتمع، ولكنها تعبر عن أساليب التفكير والعيش والحياة والتعامل عند شعب ما. ومخالفة هذه القواعد لا ينتج عنها عقاب مباشر من المجتمع، حيث إنه ليست هناك عقوبات لمثل هذه المخالفة الا نظرات الاستياء وعدم التقدير والرفض.

وكثيراً ما يطلق على بعض هذه القواعد الاتيكيت.

ثالثاً: الاتجاهات:

1. ما هو الاتجاه؟

الاتجاه عبارة عن حالة عقلية تحدد استيجابات الفرد، ويعبر الاتجاه عن الميول والرغبات بطريقة ايجابية أو سلبية من حيث الجانب الذي تميل اليه درجة هذا الميل.

وكي يكون المفهوم أكثر وضوحا يجب أن نفرق بين الاتجاهات والآراء والمعتقدات.

فالرأي يعبر عن مجرد حكم شخص في مجموعة من الحقائق. وهو نوع من الاستجابات التي يبديها الفرد تجاه مؤثر محدد.

ولا يجب أن ننسي أن هذه الاستجابة (الرأي) ترتبط بالاتجاهات، والعلاقة بين الآراء والاتجاهات متبادلة، فمع أن الآراء تنبع من اتجاهات الفرد إلا أن الاراء تنبع من اتجاهات الفرد إلا أن الاراء تعمل على تدعيم وتأكيد هذه الاتجاهات عند تكرار ابداء هذه الآراء.

والمعتقدات هي قبول الفرد لما يحدث، ولكن ليس من الضروري أن تكون هذه المعتقدات قد تولدت نتيجة التأثير المباشر من الحدث موضوع الاعتقاد، فكثيراً ما تكون معتقداتنا قد تكونت من معلومات سابقة. ويتمسك الفرد بعقيدته أكثر من آرائه.

والاتجاهات شديدة الشبه بالمعتقدات، ولكنها هي الاكثر سيادة وتأثرا على السلوك، مع أن الآراء والمعتقدات تتبادل التأثير مع الاتجاهات.

2. تكوين الاتجاهات.

تعبر اتجاهات الانسان كما سبق أو ضحنا عن ميوله ورغباته، وهـي تمثل حالة من التهيؤ والتأهب العقلي والعصبي تنظيمها خبرة الفرد، وتتكون الاتجاهات نتيجة لاتصال الفرد بالبيئة المادية والطبيعة المحيطة بالفرد. ولكنها لا تنفصل عن القيمة.

ويحد تكوين لاتجاه عند الانسان بعدة ملاحل.

المرحلة الاولى (المرحلة الادراكية):

ويتم فيها اتصال الفرد مباشرة ببعض عناصر البيئة الاجتماعية والطبيعية، وفيها يتبلور الاتجاه في نشأته حول أشياء مادية يتعلق بالمكان المناسب والعلاقات الطبيعة وهكذا.

المرحلة الثانية (النمو):

وفيها يبدأ نمو ميل الفرد نحو شيء ما كنتيجة للذي بدأ في المرحلة الأولى.

المرحلة الثالثة (الثبوت):

يزداد الميل نحو الشيء حتى يتطور الى اتجاه نفسي.

وتتميز الاتجاهات عند نشأتها بأنها محدودة، حيث تتكون اهتمامات الفرد بالبيئة المحيطة وبالجماعات الأولية أو الثانوية التي ينتمى اليها,

ويوضح ما سبق أن الاتجاهات تنتمى الى العوامل المكتسبة في السلوك الانساني، قيتكون الاتجاه بعد ولادة الفرد نتيجة احتكاكه بمواقف خارجية مختلفة تؤثر عليه بصورة ما، حيث ينتهي به الأمر الى تكوين الاتجاهات الخاصة.

3. كيف يكتسب الفرد اتجاهاته؟

أ. قبول المعايير الاجتماعية عن طريق الايحاء:

الاتجاه لا يتعلم، بل تحدده المعايير الاجاماعية العامة التي تنتقل الى الاطفال عن آبائهم أو أجدادهم دون نقد أو تفكير، فتصبح جزءاً نمطيا من تفكيرهم وحركتهم يصعب التخلص منه.

ب. تعميم الخبرات:

يستعن الانسان دائماً بخبراته الماضية ويعمل على ربطها بحياته الحالية. فكثير من الأعمال ينفذها في حياته وبصفة خاصة في مرحلة الطفولة دون أن يعلم السبب في ذلك. وعندما يصل الى درجة مناسبة من النضج ويستطيع أن يدرك الأسباب ويقتنع بها، تتحول الى معيار يمكن أن يعممه في حياته الخاصة والعامة.

جـ المواقف ذات التأثير الشديد:

ويحدث ذلك في بعض الأحيان عندما يتعرض الانسان لمواقف صعبة في حياته تجبره على أن يتحول من انجاه الى اتجاه آخر مثل الخيانة أو الفشل وهكذا.

4. أنواع الاتجاهات:

يمكن تقسيم الاتجاهات الى خمسة أنواع

أ. الاتجاهات الايجابية والسلبية.

عندما تدفع الاتجاهات الفرد نحو شيء مفيد له، فإنها تعتبر اتجاهات ايجابية، وعندما تبعد الفرد عنه فإنها تعتبر سلبية.

ب. العلنية والخفية:

الاتجاهات العلنية هي التي لا يجد الفرد حرجاً من اعلانها، والسرية هي التي يحاول أن يخفيها.

ج. شديدة وضعيفة:

هناك مواقف قوية وجادة، وهي تعتبر شديدة الاتجاه. وهناك المواقف التي يتساهل فيها الفرد، وتعتبر ضعيفة الاتجاه.

د. الفردية والجمالية:

الاتجاهات التي تميز الأفراد عن بعضهم هـب الاتجاهات الفردية، أما الاتجاهات المشتركة بين عدد كبير من الناس، فيطلق عليها اتجاهات مشتركة أو جماعية.

هـ. الاتجاهات الكلية والجزئية:

الاتجاهات الكلية هي التي تركز على الأمور العامة والكلية، أما الجزئية فهي التي تركز على الجوانب الذاتية.

5. تأثير الجماعات المختلفة على تكوين الاتجاهات:

هناك ارتباط قوى بين اتجاهات الآباء والأبناء في الاسرة الواحدة في العديد من المجالات. ولذلك فإن الآباء ذوي الاتجاهات السلبية أو الضعيفة في

بعض المجالات سوف يكون تأثيرهم على أبنائهم ضعيفاً على اتجاهات أبنائهم إذا ما تعرضوا لمؤثرات أخرى في ظروف مغايرة لظروف المنزل.

وتمارس بعض الجماعات الأولية تأثيراً كبيراً في تكوين اتجاهات أعضائها، حيث تلعب القيم الخاصة بهذه الجماعات دوراً مؤثراً جداً في اتجاهات وآراء معتقدات الأعضاء.

إلا أنه يجب أن نفرق بين الجماعات الأولية التى ينتمي اليها الفرد وبين بعض الجماعات المرجعية التي يلتزم الفرد بشكل إجباري بما تفرضه عليه من قيم وانماط من السلوك المقبولة. فعندما تختلف القيم والانماط الخاصة بالجماعات المرجعية التى ينتمي اليها الفرد تكون الجماعة الأولية هي الاقوي في التأثير.

6. طرق تكوين الاتجاهات:

تتكون الخبرات من خلال إحدى الطرق التالية:

أ. إشباع الحاجات الفسيولوجية:

مثل المأكل والمشرب والملبس، وتحدد شدة الاتجاهات حسب مدى رضا الفرد وقبوله.

ب. الخبرات الانفعالية المختلفة:

عندما تكون الخبرة الانفعالية الناتجة من أي نشاط في الحياة طيبة يكون الاتجاه ايجابياً، وإذا كانت غير طيبة يكون الاتجاه سلبياً.

ج. ارتباط الأمر بحب ورضا الآخرين:

عندما يجد الفرد أن قيامه بعمل معين سوف يؤدي الى ظهوره بمظهر يجلب له حب ورضا الآخرين، فإن اتجاهه نحو هذا العمل يكون ايجابيا، فالطالب يستنكر دروسه حتى يتفوق ويحصل على حب وإعجاب أهله.

د. غرس الاتجاهات من خلال الخوف من العقوبات التي قد تفرضها الادارة العليا، أو قد نتعلمها احتراماً للقيادة.

7. كما سبق أن ذكرنا فإن الانسان يتصرف في المواقف المختلفة في حياته محاولاً التوفيق بين ما يحمل من أفكار ومشاعر والاستجابة للتفاعل مع الآخرين بما يحملون أيضاً من أفكار ومشاعر.

ومع تكرار التفاعل مع الآخرين في البيئة معينة تصبح تلك الأفكار والمشاعر منظمة تساعد الفرد في اختيار نمط السلوك الملائم، وتجعل الاتجاهات نحو الانتظام والاستقرار في سلوك عملية ممكنة، وذلك يعطى طابعاً مميزاً للحياة الاجتماعية.

ومن الجانب العام نستطيع أن نحدد وظيفة الاتجاهات في ثلاثة محاور رئيسية:

- إنها تعطي لادراك الفرد وعلاقاته اليومية معنى ومغزي.

- توجد علاقة اتصال دائم بين شخصية الفرد ومؤثراتها.

- تساعد الفرد في محاولاته المستمرة على تحقيق أهدافه.

- فالاتجاهات دوافع عامة مكتسبة وهي من خلال تكوينها ومواصفاتها لها وظائف خاصة بالفرد وعامة بالنسبة للجماعة،

بالاضافة الى أنها ديناميكية في تفاعلها مع المواقف التي تشمل الفرد والبيئة.

- ويمكن تحديد وظائف الاتجاهات بالنسبة للفرد في الآتي:

أ. الوظيفة المعرفية:

وتمثل تلك الوظيفة أهمية كبيرة للفرد، حيث تساهم في تنظيم إدراك الفرد لما يدور حوله، وترتب وتخزن المعارف التي يتلقاها من المحيط الذي يعيش فيه. وعند ما يرغب الفرد في الاستجابة لأي حدث فإنه يحتاج الى أن يستدعي المعارف المتعلقة بهذا الحدث (المثير) حتى يستطيع أن يكون حكماً سليماً. والاتجاهات تساعد الفرد على البحث عن هذه المعلومات من داخله أو من المصادر الخارجية الأخرى.

ب. وظيفة إشباع الحاجات:

تساهم الحاجات مع العوامل الأخري على اشباع بعض الحاجات النفسية والاجتماعية للفرد، مثل القبول والتقدير واثبات الذات والمكانة.

ويتقبل الفرد القيم والمعايير التي تحكم الجماعة المحيطة به وذلك حتى يمكنه إشباع رغباته في الارتباط بها.

جـ وظيفة الدفاع عن الذات:

تختلف مستويات الضغوط التي يتعرض لها الفرد أثناء ممارسته لحياته اليومية، وفي العلاقاته الاجتماعية مع الاخرين مما يجعله متوتراً، والاتجاهات تساعد الفرد في الدفاع عن نفسه أو ذاته لتخفيف حدة ما يصيبه من توتر.

د. وظيفة التأقلم:

عندما يسعى الفرد لقبول اتجاهات الجماعة التي ينتمي اليها، فإنه يحاول تحقيق عملية التكيف الاجتماعي معها حتى يشارك فيها ويشعر بالتجانس والتفاعل معها.

هـ وظيفة التعبير عن القيم والمثل:

الاتجاهات تمثل التعبير عما يحمله الفرد من قيم، وهي التي تنتقل ما يحمله الفرد من قيم جيدة ويقدم نفسه بها للآخرين حتى يحوز على تقديرهم واحترامهم، وتساعده في اثبات ذاته، والحصول على المكانة الملائمة والمناسبة له بين الآخرين في الجماعة الذي ينتمي اليها أو المجتمع الذي يعيش فيه.

8. تغيير الاتجاهات:

يمثل الاتجاه عاملاً مهماً في العصر الحديث في اختيار القيادة والعاملين وتوطيد العلاقات، وخلق الانتماء لدى الأفراد المستهدفين في المؤسسات الاقتصادية والاجتماعية أو المجتمع نفسه.

ويأتي الاهتمام بالاتجاهات حيث إن وجود الاتجاهات الايجابية لدى الأفراد نحو العمل أو الدور المطلوب منهم يمثل ضماناً للأداء المتميز لهم، بالاضافة الى مساعدتهم في تنمية السلوك الابتكاري لديهم ومواجهة الأزمات والمواقف الصعبة.

وتغيير الاتجاهات بأخذ احدى الطريقتين:

أ. التحول من موقف مؤيد الى معارض، أو مواقف الى غير موافق، أو من محب الى كاره أو العكس، وذلك بهدف احلال اتجاه آخر.

ب. العمل على التغيير فقط في شدة ودرجة الاتجاه من خلال التأكد على سلبية أو ايجابية الحدث موضوع الاتجاه.

ومن الطبيعي الا يكون تغيير الاتجاه هدفاً في حد ذاته، ولكنه يرتبط بالسعى نحو الحصول على السلوك المطلوب أو المرغوب في النهاية، حيث ان السلوك - كما سبق أن ذكرنا-له صله بالاتجاه.

وكما يبدو فإن الأمر لا يبدو بسيطاً أو سهلاً في تعديل أو تغيير الاتجاه، حيث إن ذلك يعنى تنازل الفرد عن ميول ورغبات ارتبط بها لفترة من الزمن. والتأثير في الاتجاهات يعني ايضا اعادة النظر في القيم التي يحملها الفرد، وربما إعادة ترتيبها بصورة أخرى حسب متطلبات الوضع الجديد.

وكما يحلو للبعض أن يشبه تغيير الاتجاهات بغسيل العقل وإعادة ملئه بالجديد المطلوب، وهي بلا شك عملية تحتاج الى خبرة وأساليب مؤثرة.

ولكن لا بد أن نحدد ما هو المطلوب بالتحديد عندما نفكر في تعديل أو تغير الاتجاهات، وكما سبق أن ذكرنا فإن حاجة الانسان الفعلية تتركز في الحاجة المعرفية، والسلوكية (المهارية)، والاتجاهات.

وكما سبق أن ذكرنا فإن الثلاث حاجات السابقة لا تنفصل عن بعضها ولكنها تؤثر وتتأثر فيما بينها، ولذلك فإنه يجب تحديد كيفية التعامل مع التغيير بدقة، حتى لا تؤدي محاولات التعديل والتغيير الى نتائج عكسية أو الحصول على درجات أكبر وأشد من المطلوبة. ويمكن ترتيب عمليات التأثير في عقل الفرد، وتقسيم عمليات التأثير الى درجات.

وتصعب عمليات التعديل والتغيير - كما هو موضح - كلما اتجهنا لأسفل حتى نصل الى عملية تغيير الاتجاه.

وبصفة عامة ترجع درجة قابلية التأثير في الاتجاه وبصفة خاصة الى السعي الى تغيير الاتجاه الى عوامل متعددة نستطيع أن نوجزها في:

- طبيعة الاتجاه وخصائصه.
- صفات الشخص صاحب الاتجاه.

- درجة بساطة وتعقيد الاتجاه.

- طبيعة الموقف الذي تتم فيه محاولة التغيير.

ونتيجة لما يبديه الفرد من مقاومة تلقائية شديدة عند محاولة المساس باتجاهاته حيث تمثل خطوط الدفاع الذاتية عنه وعن مصالحه، فإن التعامل مع الاتجاهات كما سبق أن ذكرنا يبدو صعباً ومعقداً الا أننا في الاحوال كثيرة نحتاج الى تعديل أو تطوير أو تغيير اتجاهات البعض حتى يتم تأهيلهم لمواقعهم القيادية أو لأدوارهم الاجتماعية. ولذلك فإن قدرة المسئول عن التأير في اتجاهات الآخرين تتوقف على:

- مدى توافر المعلومات من حيث الكم والدقة حول موضوع الاتجاه المطلوب تغيره.

- مدى توافر الأساليب والأدوات الحديثة المستخدمة في التأثير في الاتجاهات المطلوبة.

- المهارات التي يتمتع لها القائم بإحداث عملية التغيير في الاتصال والحديث والاقناع، واستخدام الأدوات المطلوبة.

- أن يكون القائم بإحداث التغيير قدوة يمكن اتباعها.

9. قياس الاتجاهات:

يمكن تقسيم طرق قياس الاتجاهات الى ثلاث طرق رئيسية:

- القياس الذي يعتمد على التعبير اللفظي.

- القياس الذي يعتمد على المحافظة السلوك الحركي.

- القياس الذي يعتمد على التعبيرات الانفعالية.

وتمثل طرق القياس المعتمدة على التعبير اللفظي أكثر الطرق انتشاراً وتقدماً، نظراً لأنها تعتمد على تصميم استبيانات لها أسئلة عديدة توزع على عدد كبير من الأفراد، ويتم استيفاؤها في وقت قصير.

وتنقسم الطرق اللفظية لقياس الاتجاهات الى:

أ. طريقة الانتخاب:

يعتمد الاستبيان على وجود مجموعة من الأسماء أو أن يحصى عدد الأصوات التي فاز بها كل موضوع، ويقوم بحساب النسبة المئوية بعد ذلك، ويرتب موضوعات الاستبيان ترتيباً تصاعدياً أو تنازلياً. وكما يبدو فإن هذه الطريقة بسيطة وسريعة في الاستخدام.

ب. طريقة الترتيب:

وتعتمد هذه الطريقة على قيام الأفراد بترتيب الموضوعات طبقاً للهدف المطلوب قياسه، وفي هذه الحالة غالباً ما يتكون الاستبيان من عدد محدود من الموضوعات. وتتلخص استجابة الفرد في اعادة ترتيبه لهذه الموضوعات طبقاً لدرجة ميله نحوها. بحيث يقوم كل الأفراد بترتيب الموضوعات في تتابع ويمثل أولها الأكثر انجذاباً له وآخرها يمثل الموضوع الأكثر نفوراً فيه (طبقا للمعيار المستخدم).

جـ طريقة المقارنة الازدواجية:

تتلخص هذه الطريقة في مفاضلة الشخص بين شيئين متضادين وتعتمد الطريقة على مقارنة موضوعين، ثم تفضيل احدهما على الآخر بالنسبة لهدف الاتجاه المراد قياسه. ويسعى الاستبيان الى الحصول على جميع الاحتمالات الزوجية.

د. طريقة التدريج:

يستخدم مقياس البعد الاجتماعي لبوجاروس في التعرف على اتجاه الأفراد نحو الأجناس العنصرية المختلفة، وهو يحتوي على عبارات تقيس اتجاه الفرد نحو تقبله أو نفوره للأجناس أو الشعوب المختلفة، ويتكون المقياس من سبع وحدات تمثل درجات متقاربة لهذه المواقف.

هـ طريقة ليكرت:

يحتوي هذا المقياس على عدة عبارات تتصل بالاتجاه المراد قياسه ونضع أمام كل عبارة درجات الموافقة والمعارضة:

موافق جداً – موافق= محايد – معترض- معترض جداً.

وتكون الخطوات المتبعة في عمل ميزان لهذا النوع من الاستبيان كالآتي:

- يجمع عدد كبير من الجمل التي تمس الاتجاه موضوع البحث.

- تعطى هذه الجمل لعينة من الأفراد تمثل من سيعطى الاستبيان لهم، ويضعوا علامة أمام الفئة التي توضح موافقتهم أو عدم موافقتهم، وتحسب كل درجة بجمع درجات الاستجابات على كل الجمل، على أن تكون أعلى الدرجات للاتجاهات الايجابية، وأقلها للاتجاهات السلبية، أو العكس.

- تحذف الجمل التي يكون فيها معامل الارتباط بين الدرجات المحددة لها والدرجة الكلية منخفضاً.

وتستخدم هذه الطريقة كثيراً، وذلك نظراً لسهولتها، لأنها تكون في الغالب ذات درجات ثابتة عالية، لأنها تبين لنا بدقة درجة اتجاه الأفراد نحو المشكلة.

الاشتراطات العامة التى يجب مراعتها في صياغة أسئلة قياس الاتجاه:

ليس هناك طريق مباشر للتعرف على اتجاهات الأفراد، فلو تم سؤال اي فرد بصورة مباشرة عن اتجاهه، ففي الغالب لن تحصل على إجابة صريحة أو صادقة، وبصفة خاصة في الموضوعات التى يخشى الناس التحدث فيها فيها بصراحة نتيجة عوامل أو ظروف خاصة أو عامة.

لا سبيل لقياس الاتجاهات الا بالطرق غير المباشرة، وبصفة خاصة من خلال ما يبديه الفرد من آراء أو معتقدات تجاه الموضوعات التي نتعمد إثارتها.

وكما سبق أن أو ضحنا أن هناك طرقا مختلفة لقياس الاتجاهات وتعتمد معظمها على استخدام الاستبيان التي تحوى عددا معينا من الأسئلة، يقوم الأفراد بالاجابة عنها طبقا لنظام الاستبيان، الا إنه يجب أن تتوافر بعض الشروط في هذه الاسئلة، يقوم الأفراد بالايجابة عنها طبقا لنظام الاستبيان، الا إنه يجب أن تتوافر بعض الشروط في هذه الأسئلة.

- تصاغ أسئلة الاستبيان في صيغة الحاضر، حتى لا يعتقد الفرد أننا نسأله عن اتجاهاته في الماضي، والتي ربما تكون قد تغيرت.
- يجب أن يعبر كل سؤال أو جملة عن فكرة واحدة فقط حتى يسهل على الفرد ابداء رأ]ه وتوضيح اتجاهه حول تلك الفكرة.
- عدم استخدام الموضوعات والقضايا المتفق عليها من الجميع، من أصحاب الرأي المؤيد والمعارض، حيث إنها لا توضح الفروق والاختلافات في الاتجاهات.

الفصل السادس

فعاليات سلوك الأفراد

مفهوم السلوك الإنساني.

خصائص السلوك الإنسانس.

أنواع السلوك الإنساني.

أنواع الحيل اللاشعورية.

مفهوم السلوك التنظيمي كنظام مفتوح.

الفصل السادس

فعالية سلوك الأفراد

مفهوم السلوك الإنساني: إن السلوك الإنساني ظاهرة تتميز بالتعقيد والتشابك حيث يتفاعل عدد من العوامل المختلفة في أثارة السلوك وتحديد اتجاهاته ومداه، فالسلوك إذن ليس نتيجة لعامل محدد، بل تتعاون مجموعات من العوامل في تشكيله وتحديد النمط الذي يأخذه.

ويقصد بالسلوك افنساني بوجه عام، بأنه عبارة من الاستيجابة المركبة والفردية، أي الاستجابات الصادرة عن عضلات الكائن الحي أو عن الغدد الموجودة في جسمه. فالتصرفات والأنشطة المختلفة التي يبديها الفرد في العمل مثل مجيئه لمكان العمل، وانتظامه فيه واتصاله برئيسه ودرجة استيجابته لتوجيهاته، وقيامه ببذل الجهد في أدائه لمهام عمله، والنمط والسرعة التي يبذل بها الجهد، واتصاله وتفاعله مع زملائه في العمل، واستخدامه للأدوات والإمكانيات المادية التي تتيحها المنظمة له، وكذلك انفعالاته ورضاه واستياؤه... كل هذه التصرفات والأنشطة مما يبديه الفرد تكون الأساس فيما تؤديه المنظمة من أنشطة وما تحققه من أداء.

ومع من أن النظرة السائدة للسلوك الإنساني في المنظمات المختلفة تقلل من أهمية الدور الذي يقوم به العامل البشري، وارتبطت هذه النظرة بشيوع المدارس التقليدية في إدارة الأعمال، ومع ظهور المدارس الحديثة وزيادة اهتمامها بالعلاقات الإنسانية بدأ سلوك الشخص في إطار المنظمة التي يعمل بها يكون محل اهتمام الباحثين والدارسين، وكان من الذين اهتموا بهذا الاتجاه في الدراسة " آلتون مايو ماري فوليت" و " تشستر برنارد " وآخرون، وقد نتج عن كل ذلك إقرار

البعض بأن السلوك الإنساني هو فعل تلقائي يتوقف على رغبة الفرد نسه واختياره، وبالتالي فإنه يتصرف على هواه دون ان تواجهه إدارة أو عوامل محددة، ومع أن تصرفات وسلوك الفرد في المنظمة لاتتم ولا تنج من فراغ، فهذه التصرفات واليلوك مثلما تؤثر في المنظمة فهي تتأثر أيضاً بالمنظمة وبخصائصها، حتى تلك الخصائص الذاتية التي تمثل صفات الفرد نفسه من حيث القدرة والخبرة والدوافع والنزاعات ونمط السلوك لدى الفرد وكذا ردود فعله، يمكن للمنظمة أن تمارس قدراً من التأثير عليها من خلال عمليات الانتقاء والاختيار بين الأفراد حال تقدمهم والتحاقهم بالعمل في المنظمة.

ويتمثل السلوك الإنساني بالأنشطة الظاهرة الملموسة كالاسيقاظ من النوم وتناول الإفطار وقراءة الصحف والتوجه الى العمل، وإنجاز بعض الأعمال كما أنه يتمثل في الأنشطة غير الظاهرة أو غير الظاهرة أو غير الملموسة كالتفكير والتأمل والإدراك وبذلك فإنه يدخل تحت مفهوم السلوك الأنشطة الظاهرة وغير الظاهرة أي الداخلية والخارجية التي يمارسها الفرد,

وكما أن للسلوك الانساني آثار إيجابية بناءة، فإن له كذلك آثاراً أخرى مدمرة للقيم الانسانية ومعوقة لمسيرة الإنسان على طريق التقدم والرخاء. فالحروب والغزوات العدوانية، وتسخير طاقات العقل البشري لنشر الموت والدمار، وأشكال الاستغلال والاستنزاف التي يمارسها بعض البشر بالنسبة لغيرهم إن هي جميعاً الا صور للآثار السالبة للعمل الانساني. والشكل التالي يوضح المدخلات السلوكية، ومخرجات العملية السلوكية.

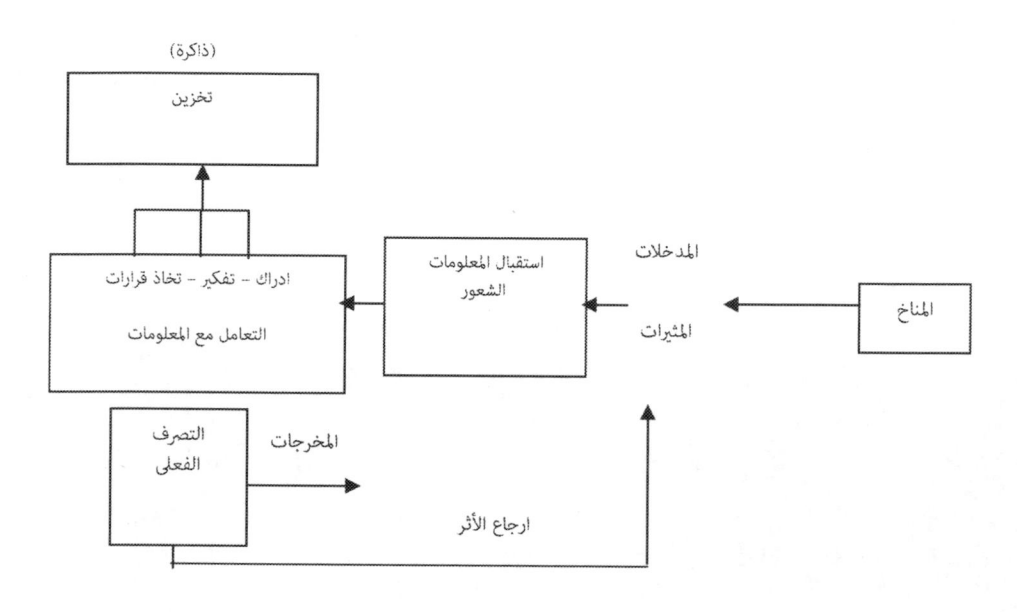

الشكــــل (3)

المدخلات السلوكية: المثيرات الأولية والاجتماعية والتنظيمية.

العملية السلوكية: الأنشطة الذهنية التي تتعامل مع المثيرات.

المخرجات السلوكية: الاستيجابات الصادرة في مواجهة المثيرات.

إرجاع الأثر: عودة المعلومات مرة أخرى عن رد فعل المناخ بالنسبة للمخرجات السلوكية وتأثير ذلك في إعادة صياغة المدخلات والعمليات السلوكية.

وبحسب لوين فإن سلوك الفرد هو محصلة تفاعل الفرد " أي خصائصه" مع بيئته، أي أن السلوك الفردي هو محصلة تفاعل خصائص الفرد مع خصائص ظروف وبيئة العمل في المنظمة، ويمكن صياغة هذا في المعادلة التالية:

سلوك الفرد في المنظمة = خصائص الفرد × خصائص ظروف وبيئة العمل في المنظمة.

إن هذا التفاعل يوضح أن أثر خصائص الفرد على سلوكه التنظيمي لا تكون بمعزل عـن ظروف بيئة العمل، والعكس بالعكس، فلكي تؤثر القدرات والخبرات العالية التي يتمتع بها الفرد مثلاً على أدائه لا بد وأن تكون بيئة العمل وظروفه مهيأة لإبراز هذه الطاقات في العمل، كأن تكون مهام العمل وكتطلباته مناسبة لقدراته وخبراته، وأن يكون نظام الحوافز مشجعاً له على إبراز هـذه القدرات والطاقات والشكل التالي يوضح ذلك.

الشكل (4)

منطقة التفاعل

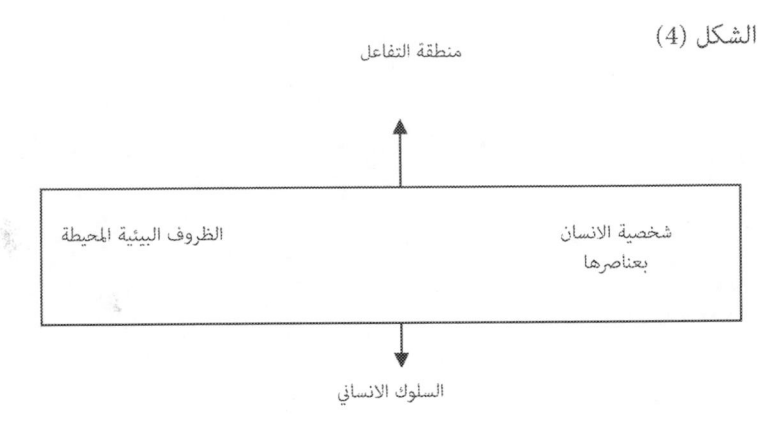

| | الظروف البيئية المحيطة | شخصية الانسان بعناصرها |

السلوك الانساني

خصائص السلوك الإنساني

بما أن السلوك البشري هو عبارة عن مجموع التصرفات التي يقوم بها الإنسان والتي مـن خلالها يهدف الى تحقيق التواؤم بين خصائصه ومقتضيات الواقع الـذي يعيش فيه فـإن السـلوك مخاصية من خصائص الانسان يتميز بما يلي:

أولاً: السلوك الانساني....... سلوك هدفي، بمعنى أنه يسعى عـادة الى تحقيـق غايـة معينـة أو اشباع حاجة ما، وهذا الهدف قد يتمثل في تحقيق مزية معينة أو تلاشي ضرر ما، وقـد تكون هذه الأهداف معروفة أو غير معروفة كما أنها قد تكون حقيقية كما قـد تكـون مختلفة.

ثانيا: السلوك الإنساني، سلوك مسبب.. أي أنه لا يظهر من العدم، ولكن يكون هنـاك سـببٌ يؤدي الى نشأته. السبب عبارة عن تفاعل بين المحرك والمؤثر وبين توجه الفرد وتفسيره لهذه المحركات والمؤثرات، ولا شك أن الناس يختلفون في سـلوكهم وتصرفاتهم، ولـذلك وفقاً لتفسيرهم للمحرك، ووفقاً لتركيبهم الجسماني وخصائصهم الشخصية ومقـدار تعليمهم وثقافتهم وظروف المواقف المختلفة التي يوجدون فيها، كذلك تبعاً لاختـلاف الأشخاص في تفسيرهم وترجمتهم لذلك.

ثالثا: السلوك الانساني: سلوك متنوع.. وهذا يعني أنه يظهر في صور متعددة ومتنوعة حتى يمكنه أن يتوافق مع المواقف المختلفة التي تواجهه.

رابعاً: السلوك الإنساني: سلوك مرن.. أي أنه يتعدل ويتبـدل توافقـاً مـع الظروف والمواقف المختلفة التي يواجه الفرد، مع الأخذ في الاعتبار أن مرونة السلوك هس عمليـة نسبية تختلف من شخص لآخر طبقا لاختلاف مقومات شخصية كل منهم والعوامل المحيطـة بهما.

أنواع السلوك

إن السلوك الذي يبديه الفرد في المنظمة نتاج لتفاعل خصائصـه مـع خصائص بيئتـه يمكـن تحديد صوره على النحو التالي:

أولاً: السلوك الفردي

يعتبر هذا النوع من السلوك أبسط صورة كونه يتعلق فقط بسـلوك فرد معـين، ويظهـر السلوك الفردي في أجزاء ثلاثة هي:

1. انواع المؤثرات التي يتعرض لها الفرد.
2. التكون الخاص بالفرد.

3. السلوك الناشيء.

إن الانسان عندما يتعرض لمؤثر خارجي يمر بمراحل وعمليات نفسية متعددة تعمل على إدماج معين لهذا المؤثر في التكوين الخاص به ومن ثم يتحدد السلوك الواجب كنوع من الاستجابة لهذا المؤثر.

يضع هذا النموذج تحديداً سديداً على عنصر السلوك (أو الاستجابات) باعتباره الأداة الأساسية لاستنتاج معلومات عن التكوين الخاص بالانسان كالدوافع والاتجاهات، والقيم التي تحكم اختياره للسلوك. أي أن درجات الاستجابة عند الأفراد تختلف من فرد لأخر لنفس المواقف وذلك باختلاف السن والجنس والخصائص الشخصية والوسط والعوامل البيئية.

وقد بينت الدراسات السلوكية المتعددة أن المؤثر الواحد ينتج أنواعاً مختلفة من السلوك لدى الأفراد المختلفين، كما أت مؤثرات أخرى مختلفة قد تحدث فيهم نفس الاستجابة " السلوك"، والعامل الأساسي الذي يحدث الاختلاف هو " إدراك" الأفراد للمؤثرات وتصوراتهم عن أنواع السلوك المفضلة، على أنه يجب أخذ الاختلاف في الادراك بنظر الاعتبار عند محاولة تفسير السلوك المشاهد لأحد الأفراد.

وتمر عملية تفسير السلوك المشاهد لأحد الأفراد بالمراحل التالية:

1. تحديد أنواع المؤثرات التي أثارت نوعاً معيناً من السلوك من جانب الفرد.
2. اكتشاف كيفية إدراك الفرد لهذه المؤثرات ومفهومه عنها ومعناها بالنسبة له.
3. تحديد أسباب السلوك.

وعليه فيمكن إرجاع السلوك الانساني الى أنواع الاثارة التي تحدثها المؤثرات الخارجية عندما يتفاعل مع التكوين الداخلي للانسان " إدراكه

ودوافعه واتجاهاته" ويساعد هذا النموذج على توفير أساس منطقي ومنظم لتحليل المعلومات المتاحة لانتاج تفسير يصلح لحل هذه المشكلات السلوكية.

ان خصائص الشخصية في تفاعلها مع معلومات الفرد المختزنة تكون قيم واتجاهات الانسان التي ينقلها الى وحدة الرقابة المركزية (مكان ما في المخ) بحيث تكون في استقبال المؤثرات حين ورودها ومن ثم تبدأ عمليات التذكر والتفكير الى أن يصل الفرد الى قرار بسلوك معين.

ثانيا: السلوك الاجتماعي (بين فردين)

لقد كان محل التركيز في النموذج الفردي هو المتغيرات الداخلية أو عناصر التكوين الذاتي للفرد كونه المحدد الأساسي للسلوك، ويتمثل النوع الثاني من السلوك في علاقة الفرد بغيره من الأفراد، وكما هو معلوم بأن التغيرات الداخلية ليست هي العامل الوحيد المحدد للسلوك الفردي فإن الفرد يتأثر أيضاً بالعالم المحيط به، فالانسان بطبيعته يميل الى الانتماء وتكوين العلاقات الإنسانية مع غيره، ويكتسب الانسان منذ مولده خصائصه نتيجة علاقاته باسرته التي ينشأ فيها أولاً، ثم بالبيئة الاجتماعية خارج الأسرة ثانياً . وهذه المتغيرات الخارجية تؤثر تأثيراً واضحاً على استجابات الفرد (سلوكه) مثال على ذلك أن الجو الاجتماعي في العمل، ونمط القيادة وأساليب المشرفين ونوعية الزملاء، كلها عوامل خارجية تؤثر على سلوك الفرد.

ويترتب على الارتباط شخص بأخر تأثير سلوك كل منهما على الطرف الثاني في العلاقة الارتباطية ويظهر ذلك بدرجة واضحة عندما تزداد الرابطة وتقوى العلاقات بينهما. وعليه فإن محاولة فهم وتفسير السلوك لا بد أن تعتمد على أمرين:

1. التكوين النفسي الذاتي للفرد والعمليات والمتغيرات الداخلية.

2. الجو المحيط بالفرد وتكوينه الاجتماعي والحضاري، ومن أهم عناصر -الفرد الاخر- أي إنسان آخر يتصل بالفرد وينشأ نتيجة لهذا الاتصال تأثير وتعديل في سلوك الفرد الأول، وفيما يلي الشكل الذي يوضح تأثير العلاقة الثنائية بين فردين (أو فرد وجماعته) على السلوك.

الشكل (5)

يبين العلاقة الثنائية بين فردين

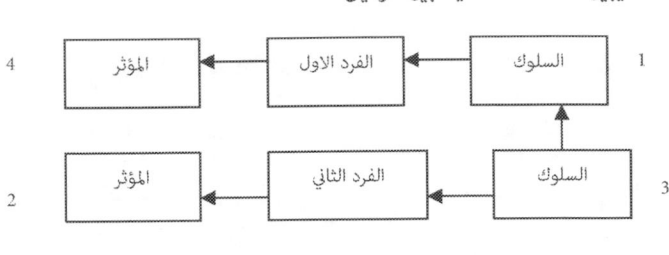

الشكل أعلاه يبين أن سلوك الفرد الأول يعد بمثابة مؤثر بالنسبة للفرد الثاني، حيث إن سلوك الفرد الثاني لايتحدد فقط بناءاً على المتغيرات الداخلية (تكوين الذاتي) ولكنه يتأثر أيضاً بسلوك الفرد الآخر الذي يتعامل معه، ويمكن مشاهدة هذا النموذج في التطبيق العملي في مواقف متعددة، حيث نجد في العلاقة بين شخصين أن السلوك الانفعالي من جانب الأول يثير سلوكاً انفعالياً عند الثاني، بينما لو بدأ العلاقة بسلوك متعقل من جانب الأول لكانت احتمالات السلوك المتعقل من جانب الثاني كبيرة، أما في الحالات التي لا ينطبق فيها سلوك الفرد مع مستوى التأثير الواقع عليه من فرد آخر فهذا دليل على شدة تأثير الفرد بدوافعه وتكوينه الذاتي ويتطلب هذا الموقف عادة معالجة خاصة، مثال ذلك حين نجد شخصاً غاضباً ومنفعلاً فإن حديثاً ودياً من شخص آخر قد

يفهم على أنه هجوم أو عدوان، ولا شك أن هذا النوع من الاستجابة يتم تحت تأثير متغيرات داخلية شديدة لدى الفرد.

ثالثا: نموذج السلوك بين أفراد الجماعة

مما سبق تبين أن هناك تأثيراً مباشراً لسلوك شخص على سلوك شخص آخر، وإن لم يكن مقتنعاً بما يحدثه من تصرف، وهذا النموذج الذي يعد امتداداً لنموذج السلوك الفردي، يمكن وصفه لتفسير انماط لأعداد أكبر من الأفراد في تفاعلهم، فالجماعة تتميز بنمط خاص من العلاقات يربط بين أعضائها وينمو على مراحل الزمن مرحلياً، وبالتالي فإن السلوك الفردي لعضو الجماعة يتم في إطار هذه العلاقات ويتشكل الى حد كبير بما تفرضه من قيود أو توفره من فرص.

فالفرد يشعر أنه إذا استجاب لمطالب الجماعة السلوكية يحقق لنفسه فوائد لا يستطيع تحقيقها منعزلاً: لذلك فإنه يرتبط بالجماعة ويتخذ من قواعدها السلوكية أساساً لسلوكه، وسلوك الجماعة الذي ينعكس في صورة إنتاج ورضا لأفراد الجماعة، إنما يتحدد بناءاً على اشكال التفاعل والمشاعر والنشطة التي تحدث داخل الجماعة، وهو ما سيبدو جلياً في الأقسام التالية من كتابنا هذا.

مفهوم السلوك التنظيمي

يقصد بالسلوك الانساني والتنظيمي محاولة الفهم الشامل لطبيعة سلوك الأفراد (شخصياتهم، دوافعهم، ممارساتهم) داخل منظمات العمل التي ينتمون إليها سواءٌ كانوا أفراداً أو جماعات، ضمن نطاق تفاعل هذه المنظمات مع البيئة المحيطة والعوامل المؤثرة فيها. أو بمعنى آخر سلوك الأفراد والجماعات داخل

منظماتهم التي يعملون فيها وفي ظل تأثير مجموع المتغيرات المحيطة بمنظماتهم ذات علاقات التأثير المباشرة وغير المباشرة.

ويقدم سيزلاجي وولاس تعريفاً للسلوك التنظيمي على أنه " الاهتمام بدراسة سلوك واتجاهات وميول وأداء العاملين بالوحدات التنظيمية، فالمنظمات والجماعات الرسمية تؤثر في إدراكات العاملين ومشاعرهم وتحركاتهم وتؤثر البيئة في المنظمات ومواردها البشرية، وأهدافها.

بينما يحلل كامنقس مجال السلوك التنظيمي وأبعاده التي يرى أنها تتضمن العوامل التالية:

1. التأكيد على تأسيس العلاقات السبية.
2. الولاء والتعهد للتغيير.
3. الاهتمام الإنساني بالأفراد.
4. الاهتمام بالفعاليات التنظيمية.
5. استخدام البحوث والأ ساليب العلمية.

أما الأثانس فيرى أن السلوك التنظيمي " يهتم مباشرة بالفهم والتنبؤ ورقابة السلوك الانساني في المنظمات أي أنه يمثل الطريقة السلوكية للادارة، وليس الادارة".

ووفقاً لما سبق من مفاهيم، فإن الشكل التالي يوضح عناصر السلوك التنظيميز

الشكل (5)

يوضح عناصر السلوك التنظيمي

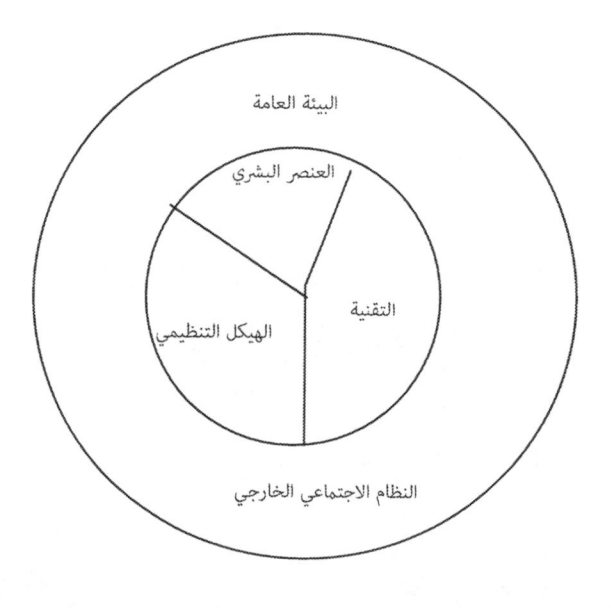

يتبين من خلال الشكل أعلاه أن مصطلح السلوك التنظيمي يتم تطبيقـة بشـمولية أكبر في نطاق تفاعل العنصر البشري في جميع المنظمات مـع التقنيـة أو الهيكـل التنظيمي. حيـث يشـارك الأفراد بعضهم البعض بصورة رسمية لتحقيق أهداف معينـة، علـى أن التفاعـل بـين هـذه العناصـر الثلاثة يؤثر ويتأثر بالنظام الاجتماعي الخـارجي (البيئـة العامـة) ويوصـف هـذا التفاعـل للعناصـر الأربعة عند البعض بأنه السلوك التنظيمي.

إذا نظرنا بتفحص للانسان وسلوكه نجد أنه لا يختلف عن المنظمـة أو أي تنظيـم آخـر مـن حيث الارتباط بالبيئة العامة وتأثيرها أو تأثرها فيه، والشكل التالي يوضح طبيعة السلوك الانسـاني كنظام مفتوح.

أن حركة النظام السـلوكي نظـام آخـر تعتمـد علـى ورود المـدخلات واسـتقبال المعلومـات، والحركة السلوكية المتمثلة في عمليات مختلفة والمتبلورة في النهاية في

شكل استجابات محددة ابتداء عند استثارتها بتأثير مثيرات تصل الى النظام في شكل معلومات تتخذ رموزاً أو أنماطاً متعددة، وهذه المعلومات تستقبلها أجهزة الاحساس بالنظام السلوكي، وهو ما يعرف بعملية الشعور، حيث تتولى إرسالها في صورة جديدة إلى منطقة التعامل معها، ضمن مجموعة العمليات الذهنية المختلفة، وتتحقق هذه العملية من خلال الأعضاء الحسية كالبصر- والسمع والشم والذوق واللمس. أما بعد استقبال النظام السلوكي عند الانسان للمعلومات، فتتم عملية تحليل وتفسير هذه المعلومات ليتم استخراج الدلائل والايحاءات ذات المعنى، وذلك حسب المواقف وحسب الحاجة، بينما يختص الجزء الأوساط من النظام السلوكي (الدماغ الانساني) بتلك العمليات الذهنية المختلفة كالادراك والتفكير، والتعليم، وتكوين الاتجاهات، والدافعية واتخاذ القرارات. أما المحصلة النهائية لسلسلة العمليات السلوكية تتمثل في الأنماط السلوكية المشاهدة على النحو التالي: الأفعال.. أي التصرفات التي يصدرها النظام السلوكي، والتفاعل ... المتمثل في الاتصالات وتبادلها بين الأفراد. وكذلك المشاعر.. وهي بمثابة أنماط العواطف التي تنمو في النظام السلوكي في أثناء ممارسة الأفعال.

الفصل السابع

الادراك

أولاً: ما هو الادراك؟

ثانياً: موقع الادراك على خريطة السلوك.

ثالثاً: خصائص الادراك.

رابعاً: المتغيرات الاجتماعية والبيئية المؤثرة في الادراك.

الفصل السابع

الادراك

أولاً: ما هو الادراك؟

يمثل الادراك العملية التي يتم بمقتضاها تنظيم وترجمة وتفسير المعلومات التي تصل الى العقل من البيئة الخارجية المحيطة.

ويستغل الفرد المعلومات التي تصل اليه، ويقوم عقل الانسان بمجرد أن تصل اليه هذه المعلومات بمحاولة التعرف عليها من خلال مراجعة ما يصل اليه منها مع ما هو مخزون لديه منها أو في المعلومات أو الخبرات قريبة الشبه منها في ذاكرته.

وذاكرة الانسان هي مخزن المعلومات والخبرات السابقة التي نرت به، وما تحتويه هذه الذاكرة ليس ثابتاً أو جامداً ولكنه يبدو في حالة حركة ونشاط دائم، حيث تتأثر المعلومات المخزونة بعمليات التحديث والتطوير التي تصل اليها، وفي نفس الوقت تقوم المعلومات المخزونة بالتفاعل مع ما يصل اليها للوصول الى شكل مقبول للمعلومات في صورتها الجديدة. أي أن المعلومات المخزونة في ذاكرة الفرد تؤثر وتتأثر بالمعلومات الحديثة.

ولا شك أن زيادة قدرة الانسان على الادراك الصحيح للأمور ترتبط بقدراته على تخزين المعلومات والخبرات بشكل منظم، حيث تتيح له فرصة استخدامها بشكل سريع في تفسير ما يصادفه أو يقابله من أحداث.

ويحتاج العقل الى التنظيم الفكري أو المعرفي ويقوم هذا التنظيم الفكري على تصور مجموعة من الملفات التي تضع المعلومات والخبرات المتشابهة في

مجموعة واحدة على ملف واحد، مما يسهل عملية الاستفادة بها عند الحاجة اليها، وبالتالي تـؤدي الى سرعة وقوة ادراك الفرد للامور.

ويتم تخزين المعلومات غالباً في ذاكرة الانسان بـأكواد أو علامـات خاصة، وهـي تـأتي غالبـاً وفقاً لعنصرين، هما:

1. خصائص الأشياء:

يختلف ادراك الأفراد للأمور أو الأشياء طبقاً لعوامل عديدة، فالبعض ينظر الى التعليـم عـلى انه شهادة تعطيه وصفاً اجتماعياً متميزاً، في حين ينظر اليه البعض على أنه مستقبل يؤهله للتعمـق في البحث والمعرفة... وهكذا.

وعندما نقوم بجمع خصائص الأشياء التي نتعامل معها في حياتنا كلا منهـا حـدة، فـان ذلـك سوف يعبر بطبيعتهت عن الاطار المعرفي.

2. العلاقات السببية:

وهذا العنصر يعبر عن طبيعة ومدى الارتباط الذي يوجد بين الأحداث والأشياء. حيـث إنـه عندما تتوالى مجموعة أحداث معينة أو تتزامن في جسم الانسان – على سبيل المثال- فإن الطبيـب يستطيع أن يستدل منها على نوع المرض.

ثانياً: موقع الادراك على خريطة السلوك:

كما سبق أوضحنا أن التصرف الانساني (الاستجابة) يحدث نتيجة وجـود مـؤثر أدى لحـدوث اختلال موقت للتوازن السلوكي، مما يدفع الفرد نحو هدف معـين لتحقيـق الاشباع المطلـوب حتى يعود الى حالة التوازن.

والمثيرات (المؤثرات) متنوعة، وهي أما أن تكون مثيرات:

خارجية: من البيئة المحيطة، أو من الآخرين.

داخلية: نشاط داخلي مثل الانفعال والقلق.

وهناك أجهزة حساسه لدى الانسان لالتقاط المؤثرات الخارجية والداخلية، وتقوم بتكويدها (ترميزها) وتنقلها وتوزعها في صورة تدفقات عصبية تصل الى العقل حيث تتولد الاحساسات الأولية.

وعملية تولد الاحساسات تخرج من المخزون المعلوماتي والخبرات والتجارب التي يتم استنفارها، وفي هذه اللحظة يتولد الادراك.

وعملية الاحساس أو الادراك هذه وظيفة مهمة في الانسان حيث تمثل جهاز الاعلام الخاص الذي ينقل اليه ما يدور حوله.

وعندما يشعر أو يحس بتغيير ما ويحدث الاختلال في الوعي المتكون لديه من قبل، فإنه سوف يحاول إحداث التوازن في وعيه من خلال الجهد الادراكي أو الجهد الفعلي الذي يوجهه نحو الذات أو البيئة.

فالإدراك آلية تعمل على تحديد المعاني الأساسية، في نفس الوقت تقوم من خلال المعلومات والخبرات السابقة بإعطائها دلالة ما، ويتم ذلك بسرعة فائقة بعد استقبال المعلومات أو المؤثرات المقاومة من الداخل والخارج.

وتلعب قدرات الفرد الذهنية دوراً بارزاً في تنظيم وتنشيط عملية الاحساس.

وعملية الادراك عملية نفسية يقوم الفرد من خلالها بتفسير الواقع ويصدر الحكام عليه.

وينشأ الحقل النفسي من الخبرات التي يكتسبها الفرد، كلما زادت هذه الخبرات، يصبح الفرد غنياً بما لدية منها حيث إنها تساهم وتوسع القدرات الادراكية له.

ومن خلال ما يكتسبه الفرد من معرفة ومعلومات فإنه يحدد ويرسم الاطار المناسب الذي يستخدمه في تصنيف المؤثرات المختلفة وإقامة العلاقات فيما بينها.

ويوضح النموذج التالي علاقة الادراك بالمثير والاحساس والدوافع.

والتحفيز هو ما يدفع الفرد الى النشاط الفعال. حيث يسعى الفرد الى اشباع حاجاته بصفة عامة، والحيوية منها بصفة خاصة، ولا شك أن عملية التحفيز

تتناسب طردياً مع قوة الحاجة، وعدم تحقيق أو اشباع الحاجة يمثل اختلال في التوازن يؤدي بدوره يؤدي الى حدوث التوتر في الجانب أو الحقل النفسي.

وتظهر قوة الحاجة في نفس طبيعتها، أو في النتائج التي يمكن أن تؤدي اليها في حالة عدم اشباعها.

ويمثل التحفيز الطاقة المتولدة والتي تتحول الى قوة موجهة نحو الهدف المطلوب، والى اعادة حالة التوازن التي كانت عليها من خلال اشباع الحاجات التي تولدت حديثاً، وتمثل الدوافع المحرك الذي يكيف الفرد مع محيطه.

وفي حالة بقاء الفرد فترة طويلة في التوازن، حيث لم يشبع حاجاته، سوف يتولد بداخله حالة من الكبت تتحول الى العدوانية، والتي لا يمكن ايقافها الا بمثير خارجي آخر يستطيع أن يشبع حاجاته المنقوصة.

وكما يبدو فإن اشباع حاجات الفرد ليست عملية بسيطة، وهنا يظهر مدى تعقد العلاقات الانسانية. فكل انسان يحاول من خلال أنشطته وحركته أن يشبع حاجاته المتعددة في المجالات المختلفة. ويجب أن يدرك الانسان أنه اذا أراد أن يأخذ فعليه أن يعطي، حتى يسير في طريق من خلاله تبادل عملية الاشباع للحاجات.

ثالثاً: خصائص الادراك:

العلاقات بين الطرفين لها بعض السمات منها:

1. تسهل معرفة الفرد لنفسه جيداً في أن يرى الآخرين بصورة واقعية واقعية، فكلما كان فهم الانسان لذاته ضعيفاً كان ادراكه للآخرين ضعيفاً أيضاً.

2. معايير التصنيف والتقييم التي يستخدمها الفرد مع الآخرين دائماً ما تكون هي نفسها التي يستخدمها في النفاعل مع الآخرين.

3. الافراد الذين يشعرون بالسلام الداخلي أو الذين لديهم درجة عالية من الرضى عن أنفسهم تكون درجة رضاهم عن الآخرين عالية، والعكس صحيح، وعلاقة الحب مع الآخرين في بعض الأحيان تتوقف على مدى توافر السمات المقبولة لدينا فيهم.

4. الادراك عملية اختيارية، حيث إنه قد نلاحظ أن كل المعلومات والمثيرات المحيطة لا تؤثر في الفرد. وذلك لصعوبة استيعاب جميع ما يصل اليه.

فالفرد يختار مثيرات ضعيفة سواء أكان واعياً لها أو غير واع ولكن سلوكه في النهاية يتأثر بها. ولكن هناك بعض العوامل التي تؤثر على استجابتنا لتلك المثيرات وهي:

— درجة الانتباه.

— حجم وتركيز المثير موضوع الادراك.

— التكرار.

5. يميل الانسان الى الاحاطة بالأشياء في صورة متكاملة.

6. تتميز عملية الادراك بالاستقرار طبقاً للمعاني التي أدركها الانسان من قبل، ويتمر ذلك طول العمر، أو على الأقل في بعض الأمور لفترات محددة لحين تغيير المؤثرات والاستجابات.

7. تتباين عملية الادراك بين الأفراد طبقاً لما لديهم من خبرات ومعلومات مخزونة.

8. هناك مجموعة من العوامل تتفاعل مع بعضها لتحديد مدركات الفرد وأفكاره نوجز منها:

— التركيب الوراثي والفسيولوجي للانسان.

— الحاجات التي يسعى الفرد الى اشباعها.

‒ البيئة المادية والاجتماعية المحيطة.

‒ المعلومات والخبرات والتجارب التي يحملها الفرد.

رابعاً: المتغيرات الاجتماعية والبيئية المؤثرة في الادراك:

هناك عوامل رئيسية تؤثر في ادراك الفرد، ويمكن أن نحددها في:

‒ القيم

‒ الاتجاهات

‒ الدوافع

‒ الخبرات السابقة.

ففي مجال القيم كلما زاد اهتمام الفرد بمجال معين، زادت قدرته وسرعته في ادراك الكلمات والمعاني المرتبطة بهذا المجال.

وفي الوقت نفسه فإن الانسان يدرك ما يريده الآخرون الـذين يتفقـون معـه في اتجاهـاتهم (ميولهم ورغباتهم)، حيث يستطيع أن يتجاوب ويتفاعل معهم بسرعة وسهولة أكثر.

ونستطيع أن نستخلص مما سبق أن عرضناه أن كل لديه استعداد طبيعي للادراك.

وهذا لا يقتصر على حاجات الفرد وسعيه الدائم لاشباع هذه الحاجات، بل أنه يشمل أيضاً عنصر التوقع في عملية الادراك فنحن نتوقع أن نرى الأشياء طبقاً لصـورتها الحقيقيـة، وحتـى لـو عرضت علينا بصورة مخالفة للواقع فإننا نراها بصورتها الواقعية التي سبق أن أدركناها بها.

فنحن ندرك الأشياء طبقاً لما تعلمناه واكتسبناه من خبرات عدة سنوات سابقة. وما ندركه لا يتوقف فقط على ما يعرض علينا، بل يتوقف على مجموعة

من العوامل التي تتدخل في غدراكنا، ومنها الحاجات والدوافع والقيم والمعتقدات والاتجاهات كما سبق أن ذكرناه.

وعلاقاتنا مع الاخرين تمثل علاقات متداخلة، فنحن نسعى لإشباع حاجتنا من خلال تفاعلنا مع الآخرين، وإدراكنا لذلك يتحدد بما ندخله من عوامل في المواقف. فإدراكنا للأمور في نعاملنا مع الآخرين يتأثر بمجموعة من العوامل المتداخلة لشخصيات الأطراف المختلفة والموقف والحدث نفسه.

ولعل من الاهمية أن نوضح أن الادراك المتحيز والذي غالباً ما يؤثر سلباً على كفاءتنا وأدئنا الاداري، يأتي نتيجة لتأثرنا الشديد بماضينا وذاتنا، ويؤدي ذلك الى عدم ادراكنا السليم للاشخاص والاشياء، ومن هنا يمكننا التعرف على المشكلات الرئيسية في صناعة واتخاذ القرارات غير السليمة بالنسبة للقادة والمديرين.

الفصل الثامن

الحاجات الانسانية

أولا مفهوم الحاجات.

1. التعريف.

2. أنواع الحاجات.

ثانياً: الحاجات الأولية والثانوية.

ثالثاً: الحاجات البيلوجية والاجتماعية والذاتية.

رابعا: ما سلو والترتيب المتدرج للحاجات.

خامسا: اثر عدم إشباع الحاجات على السلوك.

الفصل الثامن

الحاجات الانسانية

أولاً: مفهوم الحاجات الانسانية:

1. التعريف:

لمحاولة فهم سلوك الانسان يجب التعرف على الحاجات الانسانية المنشئة لهذا السلوك نتيجة سعي الانسان لاشباع هذه الحاجات.

حاجات الانسان ليست مجرد حاجات مادية فقط مثل الأكل والشرب، ولكن له حاجات معنوية كثيرة تؤثر في إحداث التوازن النفسي- من خلال علاقته بالآخرين بالاضافة الى الحاجات النفسية الداخلية.

والحاجة الانسانية قوي ايجابية تسبب الميل المستمر نسبياً والذي يدفعه الى السلوك بطريقة معينة وتنشأ الحاجات لدى الفرد إما عن طريق المتغيرات الداخلية التي ترجع لبعض العوامل البيلوجية أو الفسيولوجية أو نتيجة بعض المثيرات الخارجية التي تظهر في المجال المحيط بالفرد.

وتبدو هذه الحاجة واضحة من خلال السلوك الباحث عن الهدف في العالم الخارجي، وبصفة خاصة عند إعاقة هذا السلوك أو عند الفشل، ومقازمة الفرد لأسباب الفشل وإصراره على تحقيق الهدف وإشباع الحاجة.

2. أنواع الحاجات:

تناول الكثير من العلماء الحاجات الانسانية من خلال تصنيفها لأنواع مختلفة.

وقد وضع كرونبلك (1977) تصنيفاً خماسياً للحاجات، وهي:

- الحاجة الى الحب.

- الحاجة الى علاقات الأمن مع السلطة.

- الحاجة الى مرافقة الأقران.

- الحاجة الى الاستقلال الذاتي.

- الحاجة الى الاقتدار واحترام الذات.

ويؤكد كرونباك الى أن هذه الحاجات هـي أكثر الحاجـات ارتباطاً بمواقـف التعليم، لأنها تعتبر مصادر للدافعية الايجابية، وتظهر بصورة واضحة.

وقد وضع نظاماً هرمياً (خماسياً أو سباعياً) معبراً عن تدرج حاجات الفرد زمنياً ويقوم عـلى أساس نمو رغبات الفرد تصاعدياً ويقـوم عـلى أسـاس الأهميـة النسـبية لاشـباع الحاجـات التـي في المستوى الأعلى بعد اشباع الحاجات التي مثلها.

الحاجات الأولية والثانوية:

1. الحاجات الأولية

وهي الحاجات المادية الأساسية التي يحتاج الجسـم الى اشباعها ويواجـه الانسـان مخـاطر جسمية تهدد بقائه اذا فشل في اشباعها وذلك مثل التنفس والأكل والشرب.

وبعض هذه الحاجات يتم اشباعها بشكل تلقائي من الطبيعـة، حيـث تسـاعد الانسـان عـلى الحفاظ على توازنه وبالتالي على بقائه، بينما تساعد بعض العوامل البيئية الأخرى عـلى أنـه يسـلك الفرد سلوكاً معيناً للتكيف معها، مثل الهروب من الصقيع والبرد ودرجات الحرارة المرتفعة.

ويمثل الجنس احدى الحاجات الانسانية التي تساعد على حفظ بقاء الانسان.

2. الحاجات الثانوية:

وهي مجموعة من الحاجات التي تتكون وتنمو منذ بداية حياة الانسان وتؤثر في سلوكه ويطلق عليها الحاجات الاجتماعية وهي غالباً ما تقسم الى جزئين:

أ. حاجات الانتماء.

وهي الحاجات التي تتعلق بالحب والزمالة والصداقة، وتظهر هذه الحاجات وتنمو نتيجة لوجود الفرد ضمن مجموعة من الأفراد.

ب. حاجات الذات

وهي تعبر عن الحاجات النفسية للفرد التي تحقق له مركزاً مقبولاً أو متميزاً بين الآخرين، وتشمل هذه الحاجات القوة والمركز الاجتماعي والتقدير والاحترام والتميز والتفوق... وهكذا.

جـ. حاجات حب الاستطلاع

وهي تعبر عن حاجة الانسان للاتصال بالبيئة المحيطة به، لأن يجد تفسيراً مقبولاً لكل ما يدور جوله، ولذلك يولد الانسان ولديه حاجة الى البحث عن المكونات والأسباب والتفسيرات الخاصة بالأحداث والأشياء والظواهر التي يواجهها أو يراها حوله.

ثانيا: الحاجات البيلوجية والاجتماعية والذاتية:

تتحدد الحاجات المحركة لنشاط الانسان في الحياة في الحاجات البيلوجية (الفسيولوجية) والاجتماعية والذاتية.

1. الحاجات البيلوجية (الفسيولوجية):

وهي الحاجات الأساسية التي يؤدي عدم اشباعها الى الاضرار بحياة الانسان. فالانسان يحتاج الى الشراب والطعام والتنفس والنوم والزواج.... وهكذا.

واشباع هذه الحاجات بشكل إرادي أو لا إرادي يمثل بقاء الانسان.

ويسعى الفرد باستمرار ليس لمجرد إشباع هذه الحاجات بل يمتد ذلك الى تأمين استمرارية الاشباع فالانسان لا يسعى الى مجرد الاشباع، ولكنه يبذل الجهد المناسب للحصول على الأمان المستقبلي لاشباع هذه الحاجات.

وتعتبر الدوافع الفسيولوجية عن الحاجات الأولية، ويترتب على اشباعها استعادة التوازن البيلوجي للفرد أو النزوع الى الاتزان البدني. وديناميكية الاتزان البدني عملية تنظيمية تهدف الى المحافظة على المستوى الأمثل، والذي يتسبب أي انحراف عنه في حدوث حاجة، وينتج عن هذه الحاجة دوافع تكون بدورها القوي الحافزة للفعل.

2. الحاجات الاجتماعية:

وتعد الحاجات الاجتماعية المحرك للدوافع التي يتعامل الفرد بها وتختلف أهمية هذه الحاجات بين الأفراد.

البعض والانسان كما هو معروف كائن اجتماعي، يسعى الى أن يعيش مع مجموعة أو مجموعات من الأفراد. ولا يكتفي الانسان بمجرد وجوده، ولكنه يتفاعل مع الآخرين وتظهر لديه من خلال هذا التفاعل حاجات الحب والتعاطف والصداقة كمسميات لعلاقات ذات معاني توضح أنواع الارتباط المختلفة.

وتتأثر هذه العلاقات بالقواعد والنظم والسياسات التي يفرضها المجتمع المحيط سواء أكانت الأسرة، أم العائلة، أم مكان العمل.

ويمكن تقسيم هذه الحاجات الى:

- الحب والتعاطف.
- الزمالة.
- القبول من الآحرين.

فالإنسان بجانب علاقات الود والحب والتعاطف يحتاج الى أن يشعر بقبول الآخرين له كعضو في جماعة أو المجتمع. وتبدو حاجة الفرد للقبول من خلال علاقات المودة والمجاملات والاهتمام.

3. حاجات لإشباع الذات:

علاقة الانسان بالأخرين في صورة أفراد وجماعات ليست علاقة بسيطة، ولكنها مركبة ومعقدة، فالانسان عندما يسعي الى إشباع حاجته البيلوجية والاجتماعية ينطلق لتحقيق حاجات أخرى موجودة لديه، ولكنها تظهر مع استكمال حاجات أخرى أو مع وجوده في بيئات تستدعى أو تعمل على ظهور هذه الحاجات.

فالبرغم من أن الفرد يسعى الى التعامل مع الآخرين، الا إنه في نفس الوقت يحاول أن يحتفظ بذاته وما تحمله من قيم واتجاهات، وكلما زادت درجة نمو ونضوج الأفراد، تنامت لديهم الحاجة الى وجود نوع من التحكم والسيطرة على البيئة المحيطة، ويمثل ظهور أو نمو هذه الحاجة تطوراً طبيعياً لنمو حاجته لاعتراف الغير به في أنه ذو تأثير في مجتمع، وذلك بهدف تحقيق حاجته للشعور بالاستقلال.

ويسعى الانسان في الحياة ليس من أجل الحصول على لقمة العيش فقط ولكن الى حاجته الى اثبات الذات.

وكذلك مجال الشعور بالانجا فالفرد لا يكتفي بمجرد توافر القدرة لديه على الانجاز، ولكنه قد يذهب الى ما هو أبعد من ذلك، حيث يحاول أن يشبع حاجات انجاز أشياء حقيقية لها قيمة في حياته وحياة الآخرين. ويمكن للفرد أن يحقق هذه الحاجة أو يشبعها في مجال عمله حيث يعني ذلك مزيداً من الارتباط والابتكار، ولكنه إذا فسل في ذلك فإنه قد يلجأ لاشباع هذه الحاجة في مجالات أخرى خارج العمل.

ثالثا: أثر عدم اشباع الحاجات على السلوك

وكما يبدو من استعراضنا السابق فإن الحاجات التي يسعى الانسان الى اشباعها تـؤدي الى ظهور ضغوط تعمل على ظهور أنماط سلوكية لمواجهة هذه الضغوط وإحداث التوازن المطلوب.

وكي يكون الانسان متوازناً ومنضبطاً طبقاً لمعايير المجتمع الذي يعيش فيه، فلا بـد أن يشبع حاجته بالطريقة الملائمة، ليس فقط لصالحه هو، ولكن للمجتمع المحيط به أيضاً.

ولكن ماذا يحدث لو فشل الانسان في اشباع حاجاته أو إذا اضـطر الى يحقق هـذا الاشباع بأسلوب لا يعرفه أو يقبله المجتمع؟

أن الاجابة عن هذا السؤال تعني اننا أمام انسان غير متوازن، حيث إ&ن الانسان كما ذكرنا يكون قد فشل او استخدم سلوكيات غير مقبولة في تحقيق الاشباع، والمظاهر السلوكية لذلك:

- كثرة الانتقال من عمل لآخر.

- رفض الواقع والعيش في احلام اليقظة.

- الشكوى المستمرة من العمل والآخرين.

- الكذب عند الحديث على المستوى الاجتماعي.

- التفاخر والتباهي كذباً بما لا يملك.

- الغيرة والحقد على الآخرين.

ونظراً لتعارض الحاجات مع بعضها فإنه قد يتم اشباع احدى هـذه الحاجات عـلى حسـاب حاجات أخرى. وغالباً لا يستطيع الانسان أن يشبع كل حاجاته، فيضـطر الى اعطاء أولوية لاشباع حاجات قبل الأخرى.

ومن العجيب حقاً أن العقبات التي تحول دون اشباع الرغبات ليست جسمانية أو مادية أو زمانية أو مكانية فقط، ولكنها أيضاً كثيراً ما تكون وهمية ولا أساس لها في الواقع.

3. صراع الاقتراب الابتعاد

وهو مزيج من الموقفين الاثنين حيث يكون هناك هدف جذاب وآخر غير جذاب، وهذا هو النوع الشائع غالبا.

أثر عدم اشباع الحاجات:

يؤدي عدم اشباع الحاجات الى الضيق ويواجه الفرد ذلك بالرغبة في الانسحاب. وهذا الانسحاب قد يكون حقيقياً أو معنوياً عن طريق اللامبالاة والابتعاد أو الانسحاب يعني أن الفرد في موقف عدائي مع المسببات، حيث يتصرف بقوة ضد هذه المسببات أو ضد أشخاص آخرين. وإذا كان الهجوم على مصدر الضيق، فهذا يبدو طبيعياً، حيث يعبر ذلك عن فشل الانسان في اشباع حاجاته.

ولكن قد يتحول الفرد الى الاعتداء على آخرين ليس لهم صلة بمصدر الضيق.

والعداء تسببه الدوافع الكافية التي تقف وراء العدوان ويتشكل في الصورة المعبرية عن الضيق.

الفصل التاسع

الدوافع الانسانية

أولاً: ما هي الدوافع؟

ثانياً: أنواع القوى الدافعية.

ثالثاً: الحوافز.

الفصل التاسع
الدوافع الانسانية

أولاً: ما هي الدوافع؟

الدافع طاقة كامنة داخل الفرد، تؤدي الى استثارته كي يباشر سلوكاً معيناً، حيث يختار الاستجابة المطلوبة في عملية تكيفه مع البيئة الخارجية، وذلك بهدف إشبا حاجته.

والدوافع هي الحاجات والرغبات الفردية غير المشبعة، ولذلك فهي تمثل قوى داخلية محركة للفرد تؤثر على تفكيره وإدراكه وسلوكه لتوجيه صوب الهدف الذي يدفع الانسان الى معاشرة نوع معين من السلوك.

ويتولد الدافع الفردي نتيجة لعدم إشباع حاجة معينة أو لتطلع الفرد الى المزيد من الاشباع سواء أكانت هذه الحاجة مادية أم معنوية.

ويكون الدافع لسلوك ما قوياً كلما كانت الحاجة غير مشبعة نهائياً، وقوة هذا الدافع مع تزايد مستوى الاشباع، أي أن هناك تناسباً عكسياً بين قوة الدافع ودرجة إشباع الحاجة.

وتتحدد الأهمية النسبية للحاجة في ضوء درجة الاشباع المطلوب، فعندما تقل درجة الاشباع، تزيد الأهمية النسبية للحاجة لدى الفرد.

والدوافع هي التي تولد سلوك الفرد في المواقف المختلفة، ولذلك فإن فهمنا للدوافع يسهل فهمنا للسلوك والتصرفات.

ثانياً: أنواع القوي الدافعية

سوف نحاول من خلال البحث عن أنواع القوى الدافعية للسلوك الانساني أن نجيب عن بعض الأسئلة التي تشغلنا ونحن نرى قوة كبيرة تقف وراء سلوك بعض الأفراد، فنجدهم يتميزون بالبر والتصميم على البلوغ العدف، مع أن أقرانهم يفتقدون لهذه القوة، ولكن أين توجد هذه القوة داخل الانسان، وكيف يمكن توجيه هذه القوة، بل كيف تتكون؟

وللإجابة عن هذه الأسئلة سوف ندرس بعض النماذج التي تحاول تفسير القوى الدافعية.

وسوف نتعرض لبعض النماذج التي عرضها البعض، وسوف نخص منها نموذجين هما:

1. **الدافع الغريزي:** والذي يعتبر أن الدوافع عملية عضوية في الجسم.

2. **الدافع المعدل:** عملية عضوية وعقلية في نفس الوقت.

ويوضح الجدول التالي كيفية تفسير كل من النموذجين لمكان وتكوين الدوافع داخل الانسان.

وجه المقارنة	الدوافع الغريزية	الدوافع المعدلة
أين توجد	الخلايا والتكوين العضوي للجسم.	في الجسم البشري، بالاضافة الى القوى العاطفية التي تتركز في العقل البشري والتي تعمل على الاختيار من بين البدائل السلوكية المتاحة.

طبيعة تكوين الفرد التي توجهه بطرق محددة للقيام بأعمال محددة.	ردود فعل تلقائية نفسية، للعمل على تخفيض حالات القلق التي يشعر بها الفرد، سواء أكان مصدرها من داخله أم خارجه.	يضاف الى ردود الفعل التلقائية لمواجهة القلق، ردود الفعل العاطفية لتجعل سلوك الفرد متوائماً مع القيم والمعايير الاجتماعية
كيف تتكون الدوافع المختلفة داخل الفرد.	عملية وراثية يكتسبها الفرد من أسرته.	يتعلم الفرد بجانب العوامل الوراثية أساليب أخرى تساعده على المفاضلة بين المعايير والأهداف السلوكية والطريق المناسب لتحقيق هذه الأهداف.
المحددات	– ان بعض الدوافع تظهر في صور متعددة من السلوك الاشباعي. – يمكن تدريب أو تكييف الأفراد على تغيير طرق الاشباع.	نوع من العلاقات المتبادلة بين الفرد والبيئة الاجتماعية التي يعيش فيها.
التحفيز	– نوع من العلاقة المتبادلة بين الفرد والبيئة الاجتماعية	عندما نتكلم عن التحفيز سوف نجد أننا في كل حالة نتحدث عن

	– المحيطة. وتمد البيئة الاجتماعية الفرد بالقيم والاتجاهات والمعايير التي تحكم سلوكه. – درجة امتثال الفرد للنظام السلوكي الاجتماعي، فالفرد يستمد القيم والمعايير من النظام الاجتماعي ويعطى هذا النظام الولاء والامتثال واحترام التوقعات السلوكية للنظام.	فرد متواجد في نظام اجتماعي معين.

ثالثاً: الحوافز

التحفيز: علاقة تبادلية بين الانسان وبيئته الاجتماعية، ولا شك أنه عندما يتم تحفيز السلوك يحصل الفرد على نتيجة لسلوكه، وهو غالباً ما يمثل مكافأته على أدائه المتوقع بدرجة معينة، أو يحدث العكس كنوع من العقاب عندما يفشل في تحقيق الأداء المتوقع منه.

والنظام الاجتماعي: يبحث عن مدى تحقيق الفرد للهدف التنظيمي المطلوب أو المتوقع، ومن خلال هذا المفهوم فالنظام الاجتماعي أو المنظمة التي ينتمي اليها الفرد يتم مكافأتها أو عقابها نتيجة للتصرفات التحفيزية للفرد.

حيث يحصل الفرد من النظام المحيط به على القيم والاتجاهات، وبالتالي يحدث السلوك المطلوب، بالاضافة الى المعايير المستخدمة.

يقوم النظام بتقييم ناتج السلوك من حيث انجاز العمل المتوقع أو الفشل، حيث يحدد نوع وقيمة المكافآت التي سوف تمنح للفرد مقابل انجازه للأهداف أو يفرض نوعاً من العقاب في حالة الفشل.

والحوافز: اصطلاح متعارف عليه كنتاج للعملية التحفيزية، وهي الخطوة الأخيرة من العلاقات المتبادلة بين الفرد والنظام المحيط به (المنظمة).

فالدافع: شيء ينبع من داخل الفرد ويؤدي الى إثارة الرغبة التي تدفعه الى أن يوجه سلوكه تجاه تحقيق أو اشباع الرغبة.

أما الحافز فهو مثير من خارج الفرد. يؤدي الى تحريك الدوافع.

المقارنة بين الحوافز والدافع

المقارنة	الدوافع	الحوافز
التعريف	مثير داخلي وقوة تنبع من داخل الفرد تثير فيه الرغبة وتدفعه لتوجيه سلوكه وتصرفاته لاشباع هذه الرغبة.	مثير خارجي يعمل على خلق أو تحريك الدافع (المثير الداخلي) ويوجه الفرد ايجابياً نحو الحصول على الحافز بما يؤدي لاشباع الفرد لسلوك معين يتفق مع الأداء الذي تطلبه الادارة.

العوامل المؤثرة	— التكوين النفسي للفرد. — ثقافة المجتمع والقيم والأفكار. — الظروف الاقتصادية. — التطور التكنولوجي. — التعليم وخبرات الحياة. — التأثير المتبادل بين العوامل السابقة.	— حوافز مادية: ■ مباشرة. ■ غير مباشرة. — حوافز معنوية: ■ متعلقة بالعمل. ■ متعلقة ببيئة العمل.

الدوافع الانسانسة واثرها على البحوث التسويقية

تهتم البحوث التسويقية بدراسة حجم الطاقة الاستيعابية للسوق، إضافة الى بحث امكانية فتح أسواق جديدة، وتحديد قنوات التوزيع وطرق البيع، ووسائل الترويج، ودراسة اتجاهات الاسعار وظرف المنافسة، وبحث مدى توفر السلع البديلة، ودراسة التدخل الحكومي، وتحليل الموقف الاقتصادي او غيرها من مجالات البحث والدراسة.

وتهتم مثل هذه البحوث والدراسات بتحديد محموعة المتغيرات المرؤثرة على المستهلكين الحالين والمرتفبين من حيث تجمعاتهم وجنسهم ورغباتهم وأذواقهم وعاداتهم ودافعهم للشراء، وقدراتهم الشرائية وغيرها، وبما يكفل تقدير احتياجات السوق وتقدير حجم الطلب المحتمل على منتجات المشروع وإعداد وتهيئة الطاقة الانتاجية لانتاج ما يحتاج ما يحتاجه السوق فعلا وبالكمية المقدرة تصريفها وفقاً للمواصفات التي يرغب بها العملاء وبأقل تكلفة ممكنة.

وتتم دراسة سوق المستهلك من زوايا عديدة منها دراسة دوافع الشراء التي هي بمثابة زكيزة أساسية في بحوث التسويق وتغطي دراسة دوافع الشراء مجالات كثيرة مثل:

- ما هي السلع التي يقبل المستهلكون على شرائها؟
- ما هو الدافع زراء شراء المستهلكين لسلع او سلعة معينة بالذات؟
- طبيعة المعلومات والبيانات الخاصة التي يرغب المستهلك التعرف عليها قبل ان يقرر شراءها؟

وتعرف هذه الدوافع السالفة الذكر بدوافع السلعة أي تلك الدوافع التي تدفع المستهلك الى تفضيل سلعة معينة او علامة تجارية مميزة عن غيرها من السلع او العلامات الأخرى. وعليه فإنه يمكن تقسيم دوافع الشراء هنا على نوعين:

الاول ما يسمى بالدوافع الفسيولوجية (العاطفية)، والثاني بالدوافع الرشيدة (العقلانية والمنطقية) وتشمل الدوافع العاطفية (دوافع الامتياز والتفاخر، ودافع التقليد، الاقتداء- قدوة لغيره- الاستمتاع بقضاء وقت طيب، الراحة- ويختص ذلك الأدوات المساعدة لتسهيل عمل المرأة داخل البيت).

اما الدوافع الرشيدة فهي تلك التي حكمها العقل والمنطق ومن امثلتها: السعر المحدد للسلعة، كفاءة السلعة. ارتفاع مستوى جودتها، طول فترة الاستخدام، متانة المواد المصنوعة منها وما يحققه شراء السلعة من وفورات للمستهلك وسهولة استعمالها، وما يحققه استعمالها من توفير في الوقت والجهد والتكلفة... الخ!

ةتشكل كافة الدوافع العاطفية والرشيدة للشراء اهمية كبيرة في مجال التسويق، ويساعد ذلك المنتجين فيما يلي:

1. تطوير انتاج السلعة بما يكفل اشباع رغبات وحاجات الأفراد.
2. اختيار طرق مناسبة للبيع تتناسب مع رغبات العملاء.
3. اختيار وسائل الاعلان والترويج التي تناسب مختلف دوافع ورغبات المستهلكين، وكذلك اختيار أساليب تصميم الاعلان بحيث يثير رغبة الفرد في الشراء بإثارة تلك العوامل المشبعة لدوافع وحاجات المستهلكين.

وتفيد دراسة مختلف دوافع التعامل مع المنتجين وخبراء التسويق في الوقوف على افضل الطرق والمنافذ لتسويق السلعة واختيار أفضل مناطق تسويقها.

وقد استفاد الاعلان المعاصر من الدراسات السلوكية، حيث أصبح يرتكز على دعامة سيكولوجية، فعند تصميم الاعلان يصبح من المهم دراسة شخصية الموجه اليهم الاعلان، وكذا دراسة اتجاهاتهم النفسية، إضافة الى دراسة الدوافع والغرائز وكيفية التأثير على سيكولوجية الأفراد.. سن خلال

استثارة الغرائز البشرية المختلفة كغرائز الأبوة والأمومة وحب الراحة وحب الطعام، والتملك والسيطرة والتقليد والمحاكاة بهدف احداث السلوك المرغوب وهو اجتذاب الاعلان لقارئه او للمستمع اليه واحداث الأثر المرجو منه وهو طلب السلعة او الخدمة المعلن عنها.

ان الاعلان أصبح وسيلة للنفاذ الى نفسية المستهلك وتقديم مثيرات آلية تثير رغباته او دوافعه او غرائزه وتحفزه على ان يستجيب لتلك المؤثرات وان يقوم بشراء السلعة او الخدمة المعلن عنها لاشباع هذه الرغبات المستثارة، ولذلك نجد ان المعلن يستغل غريزة حب الطعام والشراب للاعلان عن الطعمة والمشروبات بحيث يستثير الاعلان هذه الغريزة، وتستغل غريزة المن للدعاية لبوالص التأمين على الحياة، وتستغل غريزة الأبوة والأمومة للاعلان عن ملابس الأطفال او عن غذاء الطفال... الخ

وهكذا يحاول المعلن ان يتغلغل في نفسية المستهلك المرتقب وان يستشير دوافعه وغرائزه حتى يستجيب لهذه المثيرات، ويسعى الى اقتناء السلعة (أو الخدمة) المعلن عنها لشعوره بحاجته اليها لاشباع رغباته المستشارة.

فإذا حققت دورة الدوافع هذه إشباعاً للحاجة الملحة فيتحقق بذلك توازن ورضا لدى الفرد، واذا ما بقيت غير مشبعة فإن دورة الدوافع تعيد نفسها مع احتمال ان يحدث الفرد تغييراً في سلوكه يتجه نحو تحقيق اشباع الحاجة. وهكذا دواليك، والشكل التالي يوضح نموذجاً للدافعية.

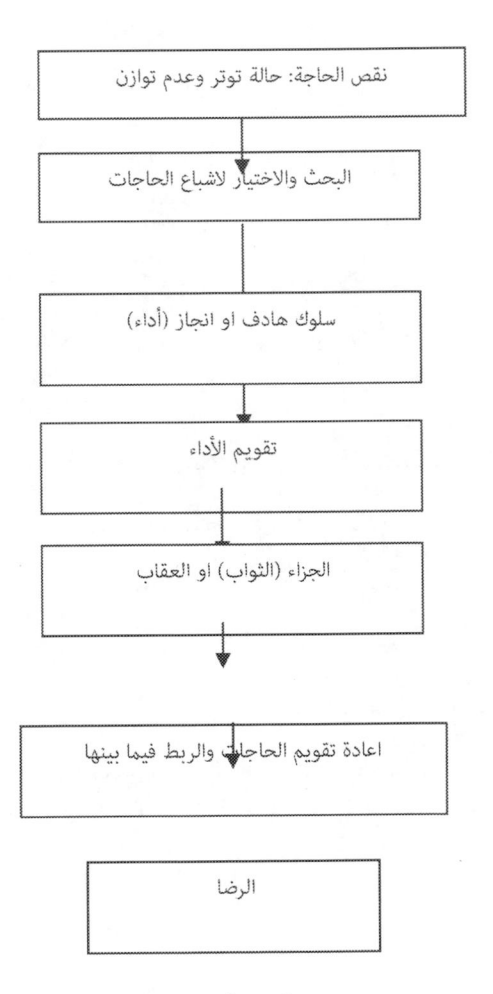

الشكل (6)

ولا شك في ان ثمة عوامل اخرى تلعب دوراً كبيراً في عملية الدافعية، مثل الجهد والقدرة، ويقصد بالجهد هنا تلك الطاقات التي يبذلها الفرد عند تأديته لعمل ما، أما القدرة، ويقصد بالجهد هنا تلك الطاقات التي يبذلها

الفرد عند تأديته لعمل ما، أما القدرات فهي تعكس مجموع الاستعدادات والصفات الشخصية لدى الفرد والتي تميزه عن غيره من الأفراد مثل الذكاء والرباعة... الخ.

زد على ذلك انّ هناك تأثيراً للعوامل التنظيمية على الدافعية مثل تصميم العمل ومستوى الرقابة، واسلوب المدير ونمط الادارة، والانتماء الى جماعة العمل.. والتكنولوجيا المستخدمة، ومدى التأثير الذي تحدثه على الفرد عند تأديته لعمله. وهناك أيضاً عوامل اخرى مثل الرضا ومدى تطابق اهداف الفرد واهداف المنظمة. وغيرها.

الحوافز والدوافع

عند تناولنا لمفهوم حددنا معنى الحوافز، على انها وسائل او امكانات متوفرة، يمكن للفرد الحصول عليها، واستخدامها لإشباع حاجاته. والتحفيز يفهم أيضاً بأنه يعبر عن رغبات واحتياجات وتمنيات غي محققة يحاول الفرد العمل على اشباعها.

وتنقسم الحوافز الى قسمين:

1. حوافز مادية: مثل الراتب، المكافأة، البدلات، وغيرها مما يمكن قياسه مادياً.
2. حوافز معنوية. الترقية، الاعتراف والتقدير للجهد، وفرص المشاركة وغيرها والشكل التالي يوضح عملية التحفيز واشباع الحاجات.

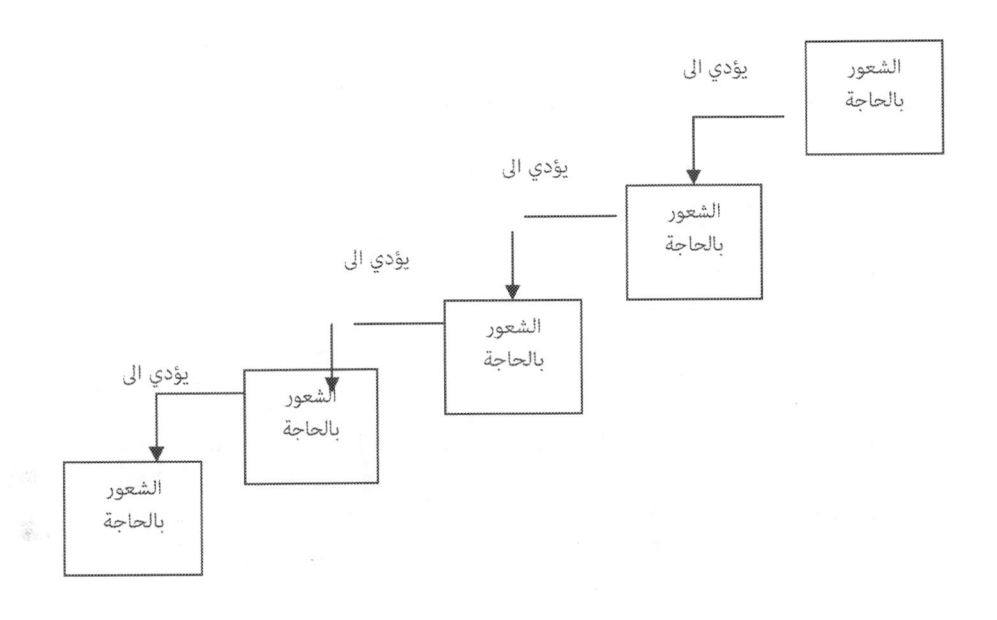

الا انه في الواقع العملي قد تبدو عملية التحفيز واشباع الحاجات اكثر تعقيداً وذلك بسبب التعقيد الذي تتصف به الدوافع لدى الفرد وتعقعملية تحديدها وبالتالي اشباعها.

الا انه في الواقع العملي قد تبدو عملية التحفيز واشباع الحاجات اكثر تعقيداً وذلك بسبب التعقيد الذي تتصف به الدوافع لدى الفرد وتعقد عملية تحديها وبالتالي اشباعها.

لذلك ينبغي يراعي الاداري (رجل الادارة) عند اتخاذ قرارات التحفيز المسائل التالية:

1. عدالة الحوافز وكفايتها.

2. سهولة فهم السياسة التحفيزية من قبل العاملين في المنظمة.

3. ارتباطها العميق والمباشر بمقدار الجهد الذهني او العضلي الـذي يبذلـه العامـل
عند انجاز العمل.

4. ارتكازها على اسس ومستويات مقبولة.

5. ارتباطها الوثيق برسالة او اهداف المنظمة.

6. الاستمرار والانتظام في أدائها.

7. مواكبتها للمتغيرات الاقتصادية والاجتماعية والحضارية للبلد.

8. عدم خضوعها للنوازع والرغبات الشخصية او المحسوبية.

وبوجه عام يمكن تلخيص عملية الـدوافع والحـوافز عـلى انهـا عمليـة تتطلـب فهـم
متغيرات كثيرة ومتشابكة، وهذه التغيرات يمكن دراستها من الجوانب التالية:

1. الفرد وصفاته الشخصية: كالفروق الفردية وتشابك المصالح والامكانات والانجاز.

2. صفات العمـل ونوعيتـه. وتتضـمن نوعيـة العمـل ومرونتـه ومتطلباتـه، كميـة
المهمات.

3. البيئة الادارية وظروفها. مثل ظروف العمل العمل وطبيعة المنظمة، ونوعيـة
العلاقات بين الأفراد داخل المنظمة (الجو العام للادارة)، والمكافأة الفردية.

نظريات الدوافع في الفكر الاداري المعاصر

ظل مفهـوم الرجـل الاقتصـادي مسيطرا لفـترة طويلـة مـن الـزمن في نطـاق الفكـر
الاقتصادي والاداري على نفس النحو، وقد ظهرت حركة الادارية

العلمية التي اسسها فريد ريك تايلر سنة 1911م. تحت تأثير هذه الرؤية، الا ان العدول عن سيادة هذا الموقف والادارة في سياق ما انتجته حركة العلاقات الانسانية على يد آلتون مايو وزملائه لتشكل بذلك نقلة نوعية في مسيرة الفكر الاداري الأحادي الجانب، وتعممت الى حد ما لا رجعة فيه اهمية خلق التوازن فيما بين العناصر المادية والنفسية التي تنتج عنها حركة العمل والادارة على السواء، وذلك بتطور الحركة السلوكية في الادارة وزيادة اهمية العنصر ـ الانساني في عملية العمل. وبوجه عام يمكن حصر نظريات الدوافع في ثلاث مجموعات هي:

1. المجموعة التي تعتمد على الحاجات الأساسية الكامنة في الشخصية، بمعنى انها تعتمد على القوى الداخلية للفرد.

2. المجموعة التي تعتمد على العوامل الداخلية والخارجية، وبالتالي فإن الأساس الذي تعتمد عليه يعتبر اوسع من الاساس السابق.

3. المجموعة التي تشمل النظريات الحديثة التي تعتمد على التوقع والترقيب وعلى السلوك المكتسب، أي انها تعتمد على اشياء اخرى غير ما تعتمد عليه المجموعتان السابقتان.

4. وفيما يلي عرض تفصيليٌ لعدد من نظريات الدوافع:

أولاً: نظرية تدرج (هرم) الحاجات لـ ابراهام ماسلو: تعد هذه النظرية من اشهر النظريات التي تناولت موضوع الدوافع وعرضتها اغلب او جميع كتب علم النفس، قدمها ابراهام ماسلو في كتاب " مقدمة في نظرية الدوافع" في عام 1943 م، وترتكز هـذه النظريـة على الافتراضات الممكن تلخيصها فيما يلي:

أ. من الممكن ترتيب حاجات الانسان في شكل هرمي او مدَّرج تبعاً لأهميتها ويقع في القاع الحاجات الأكثر الحاحاً، ثم تتدرج حيث تكون في المرتبة الأخيرة (القمة) الحاجات الأقل الحاحاً.

ب. ان حاجات كل شخص لا تنتهي، بمعنى آخر فإن الانسان يريد أشياء واشباع حاجات بصفة دائمة ومستمرة، فكلما تم اشباع حاجة معينة ظهرت غيرها.

ج. ان حاجات لا يتم اشباعها بالترتيب المشار اليه لا حقاً، فيمكن ان يتم اشباع الحاجات في سياق تداخلها او تغير ترتيبها.

د. ان حاجات الانسان تعتمد على بعضها وتتداحل فيما بينها او مع بعضها البعض.

وقد فصل ماسلو في نظريته الحاجات الانسانية على النحو التالي:

1. الحاجات الأساسية/ الفسيولوجية: وهي تلك الحاجات الغريزية المرتبطة بوجود وحياة الانسان مثل الأكل والشراب والملبس والمأوى والهواء والجنس. وهي حاجات تدفع الانسان لإحداث تصرفات معينة بهدف اشباعها، وتعد من أقوى الحاجات على الاطلاق وهذ ذات طبيعة فطرية. وتحتل المرتبة الأولى في سلم/ هرم الاشباع بحسب ماسلو، وتأتي الحاجات الاخرى أقل الحاحاً منها، وتبعاً لها تأتي ما تسمى لاحاجات السيكولوجية التي تتضمن حاجات المن والضمان، والحاجات الاجتماعية، حاجات الاحترام والتقدير، حاجات تحقيق الذات.

2. حاجات الأمن والضمان والسلام (الاستقرار): يقصد بها تلك الحاجات المتمثلة في نوير بيئة استقرار آمنة ومساعدة على الاستقرار حياة الفرد وكيونتها بل وصيرورتها، وهي أرقى من الحاجات الأساسية مثل الحصول على عمل مستقر يوفر الأجر الضروري، الحماية الكافية الآن وفي المستقبل، الرغبة في الادخار لعض الأموال، الحصول على التأمين ضد البطالة والشيخوخة والعجز والتأمين الصحي... الخ وعنده اشباع الفرد هذه الحاجات تتوقف عن ان تكون دافعاً له، أي انها تفقد اهميتها كدافع لسلوك الفرد.

3. الحاجات الاجتماعية (الحب والانتماء والصداقة): وهي تعكس الحاجات اى الانتماء والصداقة والقبول عند الفرد لدى الآخرين فالانسان لا يستطيع ان يعيش في عزلة عن الآخرين، وهو يود ان يكون مقبولاً ومرغوباً لديهم، ويعر لحاجة الغير اليه، وعدم اشباع هذه الحاجات سيترتب عليه بعض التوتر وعدم التوازن في قدرة الفرد على التكيف مع مجتمعه وجماعته واصدقائه.

4. حاجات الاحترام وتقدير الذات: تتضمن رغبة الفرد او حاجته في الحصول على احترام الغير له بصفة دائمة، وكذلك احترامه للغير، فهي تتضمن الشعور بالمكانة والتقدير في جماعته ومجتمعه بما يعزز لديه الثقة بنفسه واتزان سلوكه، سواء كانت هذه البيئة (المجتمع) الاسرة، الأصدقاء، جماعة العمل، او

المجتمع ككل، وهذه الثقة بالنفس والاحساس بالقوة والخمية لدى الفرد شرط رئيسي لا تزان سلوكه.

5. حاجات تحقيق الذات: بها حاجات الفرد الى اثبات تميزه وتفوقه على الاخرين، اذ انها تظهر رغبة الفرد في تحقيق ما يتلاءم مع قدرته ومهاراته واستعداداته في عمله، وتؤدي هذه الحاجات الى انواع شتى من السلوك الانساني الذي يكفل الرضا الذاتي عن النس. واشار ماسلو كذلك في نظريته الى ترتيب الحاجات السابقة في تدرج معين. وذلك وفقاً لأهميتها بحسب ما يوضحه الشكل التالي:

شكل (8)

يوضح هرم الحاجات لماسلو

وبوجه عام لا ينبغي ان يفهم مما سبق ان الحاجات المتتالية لا تظهر او لا تدفع السلوك الا اذا اشبعت السابقة بشكل كامل 100% ولكن تظهر الحاجات التالية في مرحلة عدم الاشباع الكلي للحاجات السابقة، الا ان تأثيرها او دفعها للسلوك يكون غير فعال او غير ظاهر. والشكل التالي يوضح ذلك والحاجات السابقة يستمر لها التأثير على السلوك ولكن هذا التأثير يكون غير ملموس وغير ظاهر، ويظهر ذلك يوضح لأنه في حالة نقصها تصبح مرة اخرى حيوية في دفع الافراد-وفي التأثير على سلوكهم.

الشكل (9)

يوضح تداخل لدى الفرد

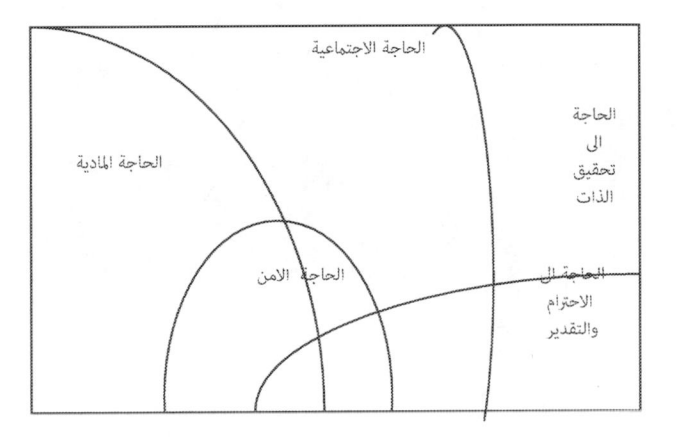

الفصل العاشر

تصميم الهيكل التنظيمي للمنظمة

مفهوم وأهمية الهيكل التنظيمي.

السلطة والمسؤولية ونطاق الاشراف.

أهداف الهيكل التنظيمي.

تصميم الهيكل التنظيمي

أنواع الهياكل التنظيمية.

طرق وأسس البناء التنظيمي.

ثقافة المنظمة.

الفصل العاشر

تصميم الهيكل التنظيمي للمنظمة

تصميم الهيكل التنظيمي للمنظمة

تتعدد النظريات لفهم طرق تنظيم وهيكلة المنظمة، وكان ماكس قيبر قد نظر إلى التنظيم البيروقراطي بتميزه بثلاث خصائص هي.

1. تقسيم واضح للعمل ينتج عنه وجود عدد من الأخصائيين يعمل كل منهم في مجال معين.
2. هيكلية الوظائف حيث تخضع المراكز الدنيا لإشراف المراكز التي تعلوها مباشرة.
3. وجود نظام مستقر منم القوانين والأنظمة والمعايير التي تضمن التناسق في أداء.

الوظائف والنسيق بين مختلف المهام

وتمثل هذه الخصائص قواعد رئيسية لفهم نظريات ضمن مساق تطورها، وما ترتب عنها من نتائج وإصلاحات نظرية أو تطبيقية.

مفهوم وأهمية الهيكل التنظيمي

لقد مر مفهوم الهيكل التنظيمي بمراحل مختلفة ووجهات نظر مختلفة فقد قال أصحاب الفكر التقليدي الكلاسيكي أنه ذلك الهيكل الذي يحدد العلاقات الرسمية العمودية والأفقية وأنشطتها داخل المنظمة، بينما نظر أصحاب الفكر السلوكي إلى الجانب الإنساني في تحديد مفهوم الهيكل التنظيمي، إذا أكدوا (السلوكيون) على أهمية كل من التنظيمين الرسمي وغير الرسمي،

كون المنظمة كياناً حركياً قائماً على أنماط من العلاقات التفاعلية بين الأفراد والجماعات، أما رواد نظرية النظام المفتوح فيرون أن الهيكل التنظيمي بمثابة نظام فرعي يضم أنظمة فرعية متكاملة ومتفاعلة مع البيئة الخارجية للمنظمة وفي ضوء ذلك يمكن ايراد التعريفات التالية للهيكل التنظيمي: فينظر البعض الى الهيكل التنظيمي كونه " البناء أو الشكل الذي يحدد التركيب الداخلي للعلاقات السائدة في المنظمة، فهو يوضح التقسيمات الرئيسة والفرعية التي تضطلع بمختلف الأعمال والأنشطة التي يتطلبها تحقيق الأهداف للمنظمة إضافة لبيان أشكال وأنواع الاتصالات وشبكات العلاقات القائمة"

كما يعرف الهيكل التنظيمي من زاوية التنظيم ذاته بأنه: الهيكل الذي يحدد العمل المطلوب أداؤه منكل عضو في المؤسسة وكذلك العلاقات بين أعضاء المؤسسة بهدف أن تكون جهودهم أكثر كفاءة في تحقيق أهدافالمؤسسة".

وينظر الى الهيكل التنظيمي باعتداده " وظيفة الادارة في تجميع المهام أو يوضح مدى السلطة وتحديد المسؤوليات للنهوض بها مع توفير المتطلبات الادارية اللازمة في صلاحيات وخطوط اتصال لأجل تمكن المنظمة من بلوغ أهداف المحددة".

من المفاهيم والتعريفات السابقة يتضح أن التنظيم أو الهيكل التنظيمي يوضح مدى السلطة والمسؤولية داخل المنظمة وفي مستوياتها المختلفة وكذلك نطاق الإشراف والرقابة، ويتحدد كذلك بنائاً على الهيكل التنظيمي الذي يعتمد على حجم المنظمة درجة المركزية واللامركزية في اتخاذ القرارات ويمكن توضيح ذلك على النحو التالي:

السلطة والمسؤولية

إن فهم السلطة على أنها الحق في إعطاء الأوامر والتوجيهات، ينعكس في الجانب الإداري بالقول: أن السلطة هي حق إعطاء الأوامر والتوجيهات من قبل شاغلي المستويات الإدارية العليا لمن يقعون تحت نطاق سلطتهم التي يحددها الهيكل التنظيمي وإلزامهم بتنفيذها. أما المسؤولية فهي تحديد الواجبات والالتزامات التي يجب على المرؤوس إنجازها والتقويم على أساسها. فالشخص يلتزم بسؤوليات بقدر السلطات الممنوحة له وهذا يسمى بتكافؤ السلطة والمسؤولية.

" أما السلطة في الهيكل التنظيمي أو في التنظيم تتم من خلال العلاقات التنظيمية فالمسؤول التنفيذي الذي له حق إصدار الأوامر وفرض الطاعة يتمتع بسلطة رسمية تحكيمها القوانين والأنظمة التنظيمية، وهناك نوع آخر من السسلطة تظهر وهي السلطة غير الرسمية والتي تظهر من خلال العلاقات الودية والاحتكاك بين الأفراد والجماعات في التنظيم وليس لها طابع معين".

نطاق الإشراف:

هو عبارة عن ذلك الإطار الذي يحدده الهيكل التنظيمي والذي يوضح عدد المرؤوسين الخاضعين أو التابعين لمسؤوليات مدير واحد، أي أنه يعكس عدد الأفراد الذين يشرف عليهم مدير واحد ويوجههم ويقوم بمراقبة أدائهم.

" يمارس نطاق الإشراف دوراً مهماً وبارزاً في تحديد الهيكل التنظيمي المستخدم فكلما كان نطاق الاشراف نتسعاً قل عدد المستويات الإدارية في المنظمة ليظهر الهيكل التنظيمي المفلطح، وكلما كان نطاق الاشراف ضيقاً زاد عدد المستويات الادارية في المنظمة ليظهر ما يسمى بالهيكل التنظيمي الطولي.

المركزية واللامركزية:

المركزية هي عبارة عن احتفاظ الادارة العليا للمنظمة بمركزية القرار ومركزية السلطات والصلاحيات بيدها أي لا يكون الحق في ذلك مفوضاً للمستويات الادارية الأخرى أو لفروع للمنظمة، فاتخاذ القرارات وتركز السلطات والصلاحيات يكون فيها محدوداً إن لم يكن معدوماً. أي أن العودة في ذلك تكون دائماً الى المركز (الإدارة العليا) أما اللامركزية فهي عكس ذلك حيث يتم إعطاء بعض الصلاحيات والمسؤوليات. واتخاذ بعض القرارات للمستويات الدنيا في المنظمة أي المستويات الإشرافية أو للفروع المختلفة للمنظمة، وذلك من خلال تفويض السلطة لها من قبل الإدارة العليا في المنظمة.

أهداف الهيكل التنظيمي

يكتسب الهيكل التنظيمي أهمية بالغة من خلال تحقيقه للأهداف والأغراض التي أنشئ من أجلها ومن أهم هذه الأهداف ما يلي:

أ-   إسهامه في توضيح الوظائف المختلفة ومستوياتها ومدى أهميتها في تحقيق هدف المنظمة.

ب-   تبيينه للمهام والأنشطة المختلفة لكل مستوى إداري والعلاقة بينهم وكذا علاقة كل مستوى تنظيمي بالمستويات الأخرى، وهذا ما يسمى بالاتصال التنظيمي بين المستويات.

ج-   "تخفيفه من ظهور الصراع داخل المنظمة من خلال توضيحه لمهام و صلاحيات كل وظيفة أو نشاط ومدى ارتباطه أو خضوعه بالأنشطة الأخرى."

د-   "تخفيفه لحدة التوتر وعدم الرضا الوظيفي للعاملين، والمتسبب في ضعف الأداء وكثرة الغياب، وازدياد معدل دوران العمل."

هـ- توفيره درجة عالية من الرقابة الادارية بين المستويات الادارية المختلفة أو داخل المستوى الاداري.

و- وصف الوظائف بشكل شامل مع تحديد الأعمال والأنشطة الاعتيادية والاستثنائية المرتبطة بها بصورة واضحة ودقيقة وتحديد الصلاحيات والمستويات والعلاقات والمؤهلات لشاغل الوظيفة.

ز- تحديد علاقات العمل الوظيفية بين مختلف التقسيمات والوحدات وخلق الظروف الملائمة لتحقيق التعارف بين الأفراد.

ح- تحديد المستويات التنظيمية في إطار محددات نطاق الإشراف وفي ضوء ذلك يتم تحديد الوظائف الإشرافية والتنفيذية داخل كل قسم أو إدارة في الهيكل التنظيمي.

ولكي يحقق الهيكل التنظيمي الكفاءة والفاعلية والاسهام في تحقيق أهداف المنظمة ونجاحها لا بد أن يتصف بالسمات التالية.

أ- التوازن: وهو تحقيق العلاقات المتوازنة بين الصلاحيات الممنوحة والمسؤوليات الملقاة على عاتق الفرد وكذلك التوازن بين نطاق الإشراف، وخطوط الاتصال الوظيفية.

ب- المرونة: أن يكون الهيكل التنظمي قابلاً وقادراً على الاستعاب التعديلات التنظيمية المستمرة تبعاً للمتغيرات الداخلية والخارجية.

ج- الاستمرارية: ويقصد بها ضرورة اعتماد تصميم الهيكل على أساس الدقة في تشخيص الواقع، الى جانب إدراك التغيرات المستقبلية والتنبؤ بها دون أن يتعرض البناء التنظيمي لتغييرات جوهرية متكررة تسبب في إرباكه.

أنواع الهياكل التنظيمية

تتضمن المنظمات أنواعاً مختلفة للهياكل يرجع ذلك الى طبيعتها، وحجـم نشـاطها وبشـكل عام يمكن تقسيم الهياكل التنظيمية النوعين هما:

1. الهيكل التنظيمي الرسمي:

إن الهيكل التنظيمي الرسمي للمنظمة هو البنـاء الهرمـي الـذي تحـدد في ضـوئة العلاقـات التظيمية الأفقية والعمودية على حد سواء، كما يظهر المواقع الوظيفية وما يرافقها مـن صـلاحيات ومسؤوليات وهناك أشكال عديدة لأنواع التنظيم الرسمي منها.

أ. التنظيم الرأسي (العمودي، أو التنفيذي):

يستخدم هذا النوع من التنظيمات في المنظمات الصغيرة والمنظمات العسكرية بوجه خـاص حيث تمارس الصلاحيات في أعلى السلم الاداري نزولاً الى المستويات الدنيا وفيه يكون الاشراف التـام من قبل المدير على انشطة المرؤوسين ويتيـح فرصـة المراقبـة الدقيقـة لتحقيـق الأهـداف المنظمـة الكبيرة والمعقدة، وكذلك فإن هذا النوع لا يتيح مبـدأ التخصـص في العمل وتقسيمه نتيجـة كـثرة المسؤوليات التي تناط بالمديرين، ويؤخذ عليه أيضا أن طرق الاتصـالات في هـذه النـوع هـي ذات مسلك واحد بين القمة والقاعدة .

2. التنظيم الوظيفي:

يقوم هذا النوع من التنظيم على أساس مبدأ التخصص وتقسيم العمل في مختلف الوحدات الإدارية وتجسيد مبدأ التعاون والتفاعل الوظيفي ومن أهم مزايا أنه يعمل على تنمية روح العمـل مفريق واحد. ويعاب على هذا النوع صعوبة تحديد المسؤولية عن الانحرافـات التـي تحصـل أثنـاء العمل مما يستدعي اعتماد صيغ لتحديد المسؤوليات للافراد بدقة ووضوح.

3. التنظيم الرأسي (الاستشاري).

يمثل هذا النوع دمجاً ومزيجاً للنوعين السابقين تلافياً لعيوبهما والاستفادة من مزاياهما حيث يستفيد المديرون في هذا النوع من المستشارين في تقديم النصح والارشاد عند اتخاذ القرارات. وأهم مزاياه أنه يوفر الاستشترة عند اتخاذ القرارات سيما وأن المسؤوليات والصلاحيات تحدد بوضوح، أما عيوبه تكمن في أن بعض المنظمات قد لا تحتاج لعدد من المستشارين من ذوي الخبرة العالية في عملها مما يجعل هؤلاء المستشارين يصبحون بطالة مقنعة وهذا يسبب في زيادة التكاليف التي تتحملها المنشأة أو المنظمة.

2. الهيكل التنظيمي غير الرسمي:

ينشأ هذا النوع من الهياكل داخل الهياكل التنظيمية الرسمية نتيجة لتفاعل العلاقات غير الرسمية بين الأفراد والجماعات، وهذا النوع من العلاقات غالباً ينشأ بين الأفراد بسبب وجودهم داخل العمل، لذلك تعنى المنظمات الحديثة بدراسة وتحليل هذه الجماعات والاستفادة منها في تحقيق أهداف المنظمة ومن الأشكال التنظيمية غير الرسمية الشائعة الانتشار ما يلي:

أ. النموذج الشخصي:

هذا النموذج غالباً تتحكم في تكوينه الشخصيات المختلفة للأفراد بغض النظر عن مراكزهم الوظيفية حيث تلعب الشخصية وسماتها النفسية والاجتماعية في تعزيز دورها في قيادة الجماعة وخلق نوع من التجاذب بين أفرادها والثقة والتعاون بينهم.

ب, النموذج الاجتماعي:

وهذا النوع من التنظيم غير رسمي يظهر لأسباب اجتماعية مثل الصداقة بين أفراد الجماعة أو الانتماء لطبقة أو فئة معينة أو لأسباب اجتماعية واقتصادية وثقافية تفرضها الظروف السائدة، وهذه العلاقات الناشئة لها تأثير كبير على تحقيق أهداف المنظمة.

جـ النموذج الوظيفي:

ينشأ هذا النوع منالتنظيم غير الرسمي نتيجة للعلاقات غير الرسمية الوظيفية خصوصاً عندما تتطلب بعض الوظائف توفر المعلومات والمستلزمات المشتركة بين الأفراد مما يؤدي الى تعميق العلاقة الوظيفية غير الرسمية فيما بينهم الى ايجاد علاقات غير رسمية.

د. نموذج القوة (التأثير):

ويطلق عليه أحياناً نموذج التأثير وينشأ بين الأفراد نتيجة قوة تأثيرية لبعض الأفراد متأتية من خلال الشخصية أو الانتماء لنقابة قوية أو فئة اجتماعية، ذلك للمنافع المتوقع حصول الأفراد عليها من خلال وقوفهم خلف ذلك الفرد، وغالباً تتعزز أواصر الثقة والتفاعل فيما بينهم.

4. التنظيم المصوفي:

ظهر هذا النوع من التنظيم نتيجة للتعقيد في البيئة وخاصة في الأسواق والتكنولوجيا، فقد نشأ هذا التنظيم ليتضمن انسيابا مزدوجاً للسلطة الامرة بما يخرج به عن مبدأ وحدة الأمر وبرز هذا الابتعاد عن مبدأ وحدة الأمر كنتيجة للتعقيد الكبير في العمليات مما يتطلب اتخاذ قرارات تجمع بين التنظيم الوظيفي والتنظيم على أساس المشروع، ويقوم كل مدير مشروع بإدارة تقسيمات المشروع حسبما يحتاج من تخصصات بشرية أو تسهيلات مادية ومالية وقد يكون احتياجه للبعض منها مؤقتاً. غير أن العاملين في كل مشروع يخضعون أيضاً لنوع

من سلطة التقسيمات الأساسية في المركز الرئيس للشركة بسبب وجود نظم العمل وتعليمات وأساليب ذات طبيعة مشتركة تحكم عمل المرؤوسين. وأهم ما يعيب هذا التنظيم هو ازدواج السلطة وضرورة بذل جهود إضافية لتقليل الاحتكاك والتضارب بين سلطات مدراء التقسيمات.

طرق وأسس البناء التظيمي

إن البناء التنظيمي يعد من أهم الوظائف الإدارية لأنه يسهم في ايجاد العلاقات التنظيمية الرسمية بين الإدارات والوحدات والأقسام المختلفة، لأجل القيام بالأعمال المناطة بهم ويوضح كيفية التعاون فيما بينهم من أجل تحقيق أهداف المنظمة، فالهيكل التنظيمي يبين المهام المهام والمسؤوليات للافراد في مختلف المستويات الادارية ويحدد العلاقات الرسمية فيما بينهم، لكي يقدم الهيكل التنظيمي تلك الأعمال لا بد أن يبنى على أسس وطرق سليمة تمكنه من القيام بعمله بكفاءة، ومن هذه الأسس وطرق سليمة تمكنه من القيام بعمله بكفاءة، ومن هذه الأسس والطرق التي يرتكز عليها الهيكل التنظيمي هي ما يلي:

1. تقسيم الوظائف الرئسة

يتم وفق هذه الطريقة تقسيم الوحدات أو الإدارات حسب الوظائف التي تؤديها داخل المنظمة، وتحدد هذه الوظائف تبعاً للأعمال الأساسية التي يقوم بها والسياسات التي تنتهجها في انجاز كل منها، ولا تقتصر العملية على تقسيم المشروع حسب هذه الطريقة الى أقسام ووحدات.

2. تصميم الوظيفة والإثراء الوظيفي:

كثرت الكتابات والدراسات الداعية الى ضرورة إعادة النظر في تصميم الوظائف القائم على أساس التخصيص الدقيق، ليكون ذلك التصميم قائماً على

الاثراء الوظيفي أو على الأقل على أساس التوسع الوظيفي. وسوف نعرض هنا أشكال تصميم الوظائف وخصائص الوظيفة المثراة، وكيفية إدخال الاثراء الوظيفي للوظائف، والتصميم الجماعي للإثراء الوظيفي، قياس درجة الاثراء الوظيفي وتطبيقاته، وما له وما عليه والاتجاهات الشرطي للاثراء الوظيفي، وفيما يلي شرح لذلك:

أ. **تصميم الوظائف:**

الوظيفة: عبارة عن مجموعة من النشطة مرتبطة بعمل معين في مجال محدد يقوم بها شخص معين مثل وظيفة محاسب، مهندس، أمين مكتبة، ميكانيكي، خراط.

وقد شجع رواد الادارة العلمية تصميم الوظائف على أساس التخصيص الدقيق كأساس لتصميم الوظائف في المنظمات كما هو الحال لدى فريدريك تايلر وهنري فايول وماكس ڤيبر... وأتباعهم.

ويتمثل ذلك التصميم في أن الوظيفة تتضمن مجموعة من النشطة المحدودة المتخصصة في مجال معين ويقوم بها فرد محدد، ويتم تحديد هذه الأنشطة بعد تحليل العمل واستخدام دراسة الحركة والزمن ودراسة تبسيط الإجراءات حتى يمكن الوصول الى افضل طريقة لإنجاز العمل، هذا التصميم غالباً لا يسمح للعامل بأن يقوم بأعمال إدارية ولا بالمشاركة في اتخاذ القرارات.

إلا أنه حدث تغير كبير من حيث دور العامل ومساحة مشاركته حيث فتحت الدراسات الإنسانية وتطبيقاتها الإدارية مجالاً أوسع لمشاركة العاملين واستخدام نظريات الدوافع لدفع العاملين لزيادة إنتاجيتهم أو إنجاز أعمالهم، إذ يجب استغلال قدرات الفرد وإشعاره بحريته واستقلاله وإشعاره بتحميل المسؤولية، وأشعاره بأهميته للمنظمة وأ؟همية عمله في نظر الآخرين، لذلك فق4د ظهرت الدعوى إلى التوسع الوظيفي أو الاثراء الوظيفي.

ب. التوسيع الوظيفي:

يعني تكبير البعدالأفقي للوظيفة، بمعنى زيادة تنوع أنشطة الوظيفة، حيث يقـوم الموظـف أو العامل بأنشطة أكثر تنوعاً في أداء وظيفيته، وتحتاج الى مهارات متنوعة، ولكن الأنشطة ما زالـت ذات طبيعة تنفيذية وليست إدارية. وبينت العديد من الدراسات أن ذلك قد أدى إلى ما يلي.

- تقليل شعور العامل بالملل الناتج عن سرعة تكرار النشطة والفعاليات.
- انخفاض معدل دوران العمال ونسب غياب العاملين.
- زيادة ولاء العاملين لأعمالهم.

ومع كل هذا فإن العامل لا يزال يشعر بقيـود لحريتـه واسـتقلاله في تحديـد كيفيـة تنفيـذ مهامه وجدولتها زمنياً، وزيادة الرقابة الذاتيـة عـلى الـداتء، زد عـلى ذلـك عـدم وجـود لديـه أيـة معلومات عن نتائج عمله وأهميتها، وليس له صلة مباشرة مع من يستخدم نتائج عمله، لذلك فقط ظهرت الدعوى للاثراء الوظيفي.

جـ. الإثراء الوظيفي:

يعني أن تتضمن الوظيفة محورين، المحور الأفقي متمثلاً في زيـادة تنـوع أنشـطة الوظيفـة وجعلها تنتهي بناتج مميز ذات أهمية يمكن معرفته، أي جعل الوظيفة ذات معنـى، كـذلك المحـور الرأسي (عمق الوظيفة) فمثلاً في ايجاد الاستقلالية والحرية للعامل للسيطرة على وظيفته في تحديـد كيفية تنفيذها وجدولته الزمنية لأنشطتها، والقيام بالرقابة الذاتية لعماله، علاوة على حصـوله عـلى معلومات عن نتائج أعماله واتصاله المباشر بمن يستخدم نتائج وظيفتـه، وبـذلك فـالاثراء الـوظيفي هو النظام الذي يهتم بتصميم الوظيفة بحيث تتضمن تنوعاً معقولاً في أنشطتها، وتحتاج الى درجـة ألعى من المعرفة والمهارة، لتعطي العامل حرية ومسؤولية تخطيط وتوجيه ورقابة أدائـه الشخصيـ لتعطيه أيضاً

فرصة النمو الشخصي على الوظيفة واكتساب خبرة وظيفية ذات معنى، ويقوم الإثراء الوظيفي على أساس الفردية، بمعنى أن كل عامل تثرى وظيفته بشكل مستقل.

د. تصميم العمل على أساس المجموعات:

يتمثل ذلك في المنظمة، إذ إن العمل يصمم على أساس مراكز تشغيل، وكل مركز تشغيل يكون مسؤولاً عن تشغيل جزء متكامل من المنتج، وفي النهاية يتم تجميع هذه الأجزاء للحصول على المنتج النهائي وتصميم العمل على هذا الأساس لا تظهر فيه خطوط الإنتاج التقليدية، ويعمل في كل مركز تشغيل مجموعة من العمال تكون مسؤولة بشكل جماعي عن انتاج جزء معين من المنتج، والعاملون هم الذين يحددون كيفية التنفيذ، وتوزيع أدوار التنفيذ على بعضهم وهم الذين يجدولون تنفيذ الجزء زمنياً، وهم الذين يختارون قائدهم، وهم الذين يقومون بفحص نتائج أعمالهم، ويتصلون بمن يستخدم الجزء الذي يصنعونه، وغالباً يتبادل هؤلاء العاملون الأدوار ويتعرف كل عامل على جميع الأنشطة ذات الصلة بمنتجهم بأجزائه المختلفة.

هـ. خصائص الزظيفة المثراة:

يرى البعض أن الوظيفة المثراه يجب أن تحقق ثلاث نتائج: أولاها شعور العاملين بأن هناك معنى للعمل الذي يمارسونه، وثانيها، أنهم أي العاملين هم المسؤولون عن نتائج أعمالهم، وثالثها أن يعرفوا النتائج الحقيقية لأنشطتهم، ولكي يتحقق ذلك لا بد من أن تتمتع الوظائف بالخصائص التالية.

1. تنوع المهارات المستخدمة في الوظيفة: ويتم ذلك من خلال تنويع أنشطة الوظيفية بشكل يجعلها تستخدم مهارات متنوعة للعامل، حيث إن شاغل الوظيفة المثراة يجب أن يقوم بأنشطة متنوعة في نفس الوظيفة وهذه الأنشطة تستلزم مهارات متنوعة.

2. تميز ناتج الوظيفة أو مهام الوظيفة: وهذا يعني أن الوظيفة المثراة تسمح للعامل أن ينتج شيئاً متكاملاً يمكن أن ينسبه لنفسه، ويقول هذا عملي، وهذا الشيء المتكامل قد يكون جزءاً من منتج (جزءاً متكاملاً) أو متنتجاً متكاملاً.

3. أن تكون مهام الوظيفة ذات أهمية في نظر الغير: حيث إنه كلما نظر الغير للمهام التي يقوم بها العامل في وظيفته نظرة تقدير وشعروا بأنها مهمة للمنظمة كلما جعل تلك الوظيفة ذات معنى في نظر شاغلها.

4. أن تشعر الوظيفة شاغلها بالاستقلالية والحرية: حيث يكون لشاغلي الوظيفة الدور الأساسي في تحديد كيفية تنفيذ مهام الوظيفة وجدولتها زمنياً والتصرف فيما يتعلق بالمشاكل التي تقابله أثناء تنفيذه لمهام الوظيفة، كما أنه المسؤول عن تطويرها وتحسين طريقة أدائها.

5. أن تمكن الوظيفة شاغلها بمعرفة المعلومات الكاملة عن وظيفته وعن نتائج أدائه لمهامه: وهذا يتحقق بدرجة أكبر إذا سمح لشاغل الوظيفة القيام بقياس نتائج عمله بنفسه وقيامه بدور ملموس في رقابة نتائج مهامه.

و. مراحل إدخال برنامج الإثراء الوظيفي:

هناك مرحلتان رئيسيتان لتحقيق الإثراء الوظيفي في أي منظمة من المنظمات يمكن تحديدها على النحو التالي.

أولاً: المرحلة التحليلية: وفي هذه المرحلة يتم التأكد من أن الإثراء الوظيفي مناسب للوظائف الحالية، وأن العاملين يرغبون في تصميم الوظائف، وفي هذه المرحلة ينبغي القيام بما يلي:

1. مسح للوظائف الحالية ومدى تحقق خصائص الوظائف المثرات فيها وأي الخصائص غير موجودة في الوظيفة الحالية.
2. التأكد من أنه يمكن إجراء بعض التعديلات في تكنولوجيا الإنتاج أو التشغيل وفي إجراءات العمل والتي قد تكون مطلوبة حتى يمكن إثراء الوظيفة.
3. التأكد من أن دوافع العاملين للعمل منخفضة وأنه يمكن رفع تلك الدوافع بإثراء الوظائف التي يشغلونها.
4. التأكد من استعداد ورغبة العاملين في تغيير تصميم وظائفهم لتصبح مصممة على أساس الإثراء الوظيفي.
5. التأكد من أن الإدارة على استعداد أن تدعم إدخال برنامج الإثراء الوظيفي في المنطقة وانها سوف تعمل على اجراء التعديلات اللازمة في المنظمة بطريق أخرى.

ثانيا: مرحلة إدخال خصائص الإثراء الوظيفي في الوظائف الحالية: في هذا المرحلة تستخدم مجموعة منالوسائل وصولاً الى أن يصبح جميع الوظائف في المنظمة مثراة، وهذه الوسائل هي:

1. تكوين وحدات عمل طبيعية: ويتم ذلك بأن تكون أنشطة الوظيفة وحدة عمل متكاملة، يمكن تمييزها وتخدم قسماً أو جهة أخرى محددة، ويمكن لشاغل الوظيفة ملاحظة ناتج وظيفته ومدى قبوله بواسطة القسم أو الجهة التي تستلم ذلك الناتج.
2. ضم مهام متنوع لنفس الوظيفة: وذلك بأن يقوم العامل بأداء مهام وأنشطة أكثر تنوعاً في الوظيفة بدلاً من عدد محدود من النشطة في ظل تصميم الوظيفة على أساس التخصص الدقيق، وزيادة النشطة ينبغي أن يكون فى حدود قدرات العامل.

3. إيجاد علاقة بين العامل أو الموظف وبين مستخدم نتيجة عمله: ونتيجة العمل قد تكون منتجاً أو خدمة أو جزءاً من منتج، وإيجاد علاقة مباشرة بين العامل او الموظف ومستخدم خدمنه أو منتجه يجب أن تكون مباشرة بواسطة اللقاء الشخصي أو بإحدى وسائل الاتصال كالتلفون أو البريد، وفي هذه العلاقة يستطيع العامل معرفة مدى حكم نستخدم منتجه على جودة المنتج بناءً على معايير متفق عليها مسبقاً.

4. القيام بالتحميل الرأسي للوظيفة: يعد التحميل الرأسي من أهمل الوسائل التي تستخدم في إثراء الوظيفة، إذ إن هذه الوسلة تركز على اعطاء مهام العامل أو الموظف الطبيعة الادارية للأنشطة، وبالتالي فهو يقوم بأنشطة إدارية مرتبطة بوظيفته، ويتم تحميل الرأس عن طريق قيام شاغلي الوظيفة بتحديد كيفية أداء مهام الوظيفة، وجدولة تنفيذ المهام، ومراقبة جودة تنفيذه للمهام، وتفويضه سلطات أكثر لاتخاذ القرارات التي تتعلق بتنفيذه للمهام دون الرجوع الى رئيسه، كما أن العامل يعطي حرية تحديد مواقيت فترات راحته، وحرية في تحديد أوليات تنفيذ المهام، كما أنه يفوض في اتخاذ القرارات المرتبطة بالأزمات التي تحدث أثناء تنفيذ مهام وظيفته.

5. فتح قنوات تغذية عكسية: يمثل ذلك في أن تصميم وظيفة العامل يسمح له أن يحصل على معلومات مباشرة وسريعة عن مستويات أدائه وجودة الأداء والأخطاء التي قد تحدث أثناء التنفيذ، ويكون الحصول على هذه المعلومات بواسطة العامل نفسه حيث يقوم بدور الرقابة الذاتية لمهامه أو بمساعدة أجهزة كمبيوتر تعطيه تقارير فورية عن

نتائج أدائه للمهام والخطاء التي تحدث أو عبارة شكر إذا كان مستوى أدائه وجودته مرتفعاً.

ثقافة المنظمة

الثقافة كلمة شاملقة تبين الطريقة التي يتم بها تحديد حالة الأشياء عموماً، الجو السائد، الإرشادات العامة، الطريقة التي ينبغي أن يتصرف في نطاقها أو ضمنها أعضاء المنظمة.

وقد عرفت الثقافة بوجه عام بأنها مركب يحتوي على المعرفة والعقيدة والفن، والخلاقيات، والقانون، العادات، والقيم والتقاليد المختلفة التي يكتسبها الفرد كونه عضواً في المجتمع، أي أن الثقافة شيء ما يتعلمه الإنسان ويشاركه في ذلك أعضاء المجتمع الكبير أو الصغير كالأسرة، وجماعة العمل... وغيرها.

وتنقسم الثقافة في المجتمع الى قسمين:

1. الثقافة المادية: تتضمن نتائج العمل الانساني المتمثل بالانتاج الذي حققته الأمة أو الشعب عبر تاريخها الطويل، ويتمثل بالمصانع والمباني والطرقات، وطرق العمل وغيرها من الانتاج المادي الملموس التي تدل جميعها على ثقافة المجتمع وانماط سلوكه.
2. الثقافة غير المادية: تمثل الجانب غير المادي المتمثل بالأفكار والمعتقدات والقيم والقانون، والمعرفة، والأخلاق والعادات والتقاليد والعراف التي يؤمن بها أفراد المجتمع على المستويين الكلي والجزئي.

وهذه الثقافة بصرف النظر عن كونها مادية أو غير مادية تلعب دوراً تأثيرياً كبيراً في تحديد سلوك الفرد واتجاهاته، ذلك السلوك إزالء القضايا المختلفة

ذات العلاقة بأنماط الحياة ومحدداتها. وتتأثر نشأة الثقافة العامة للأفراد بالعوامل التالية:

1. قدرة الإنسان على التعلم: يتميز الإنسان عن غيره من المخلوقات فيما حباه الله من قدرات على التعلم واكتساب المعرفة والتعمير، وبذلك بعد هذا مصدراً مهماً للثقافة المجتمعية أو ثقافة المنظمة.

2. قدرة الانسان على التعبير والاتصال: إن قدرة الإنسان على التعبير والاتصال بغيره من الأفراد ونقل معانٍ محددة اليه يساعد على اكتسابهم نفس الثقافة، وهذا له الأثر الكبير بامتداد أثر الثقافة عبر الأجيال من خلال نقل المعلومات من فرد الى آخر ومن جيل الى جيل.

3. اللغة: تعد اللغة مجموعة الأصوات التي تحمل معاني محددة تساعد الإنسان على نقل أفكاره ومشاعره والتعبير عما يختلج في نفسه، وبذلك يستطيع أن يجعل الآخرين يشاركونه في تجاربه ومعتقداته وخبراته، وأن يستمد منهم خبراتهم وبالتالي يمكن من نمو الثقافة وانتشارها.

وبذلك فإن التعلم عملية تساعد على اشتراك الثقافة بين الأفراد والمحافظة عليها وتطويرها، وتغدو اللغة وسيلة لنقل تلك الثقافة من فرد إلى آخر، ومن منظمة إلى أخرى، ومن مجتمع إلى آخر، ويساعد كل ذلك على خلق حالة من التشابه السلوكي بين الأفراد والجماعات والمجتمعات بسبب ما تحققه الثقافة من اندماج بين كل هؤلاء.

إن ثقافة أي مجمع عبارة عن مركب معقد ومتشابك من عدد لا نهائي من الخصائص الثقافية البسيطة التي يمثل كل منها نمطاً من أنماط السلوك المكتسب، وكثيراً نرى ضمن الثقافة الواحدة إمكانية أن يختار الفرد بين مجالين أو عدد من المجالات بحيث يترتب على ذلك أكثر من سلوك لكوضوع

واحد دون أن يتعرض للانتقادات والعقوبات الاجتماعية أو المادية، معنى ذلك أن الثقافة العامة تتضمن بدائل متعددة للسلوك الإنساني أو السلوك التنظيمي، وضمن الثقافة العامة كثيراً تتواجد ثقافات محلية وفرعية تقتصر على مجموعة معينة من الناس أوعلى مناطق معينة كثقافة المناطق أوالمنظمات المحلية .. أو غيرها.

وما سنركز عليه هنا من بين كل هذا التعدد للثقافات التنظيمية كمحور لدراستنا هو الثقافة المشترك للمنظمات. تقوم المنظمات على عناصر رئيسة تتمثل بالأفراد والموارد المادية والمالية والتنظيم، وتؤثر التكنولوجيا المستخدمة بصورة مباشرة على فعالية الداء وبالتالي النتائج المتوخاة أو المتحققة. وتعمل المنظمات على تطوير قاعدة ثقافية معقدة وقوية (كأي مجتمع) تؤثر على انماط سلوك الموظفين في المستويات الادارية المختلفة، وتقوم هذه المنظمات على العناصر التالية:

1. البيئة العملية: يترتب على ذلك معرفة مكانة المنظمة في عالم الأعمال بحسب ما تحدده منتجاتها والمنافسون، والزبائن والتكنولوجيا..... الخ.

2. القيم: المفاهيم الأساسية والمعتقدات التي تؤمن بها المنظمة/ وكذلك المقاييس المحددة للانجاز.

3. الابطال: الناس يجسدون قيم وثقافة المنظمة، وهم بكونهم نموذجاً للموظفين ينبغي الاقتداء بهم.

4. الطقوس العادات: تعكس الطرق المنتظمة والمبرمجة التي تقاس عليها مجريات الحياة اليومية في المنظمة.

5. شبكة العمل الثقافة: تشمل حاملي القيم المشتركة والميثولوجيا البطولية وتشمل كذلك رواة القصص والجواسيس والرهبان، والجمعيات السرية وغيرهم.

وبوجه عام فإن الثقافة التنظيمية هـي ثقافـة أداء عـلى كـل المسـتويات الاداريـة يمكـن أن تعمل الادارة العليا على تنميتها ونشرها وجعلها ثقافة حياة بالنسبة لأعضاء التنظيم وهي تعزز من أواصر العلاقات فيما بين حلقات العمل في المستويات الادارية المختلفة وتزيد مـن وحـدة وتماسـك هذه الحلقات وبالتالي تعد رافداً مهما لنجاحات المنظمة واستمرارها.

الفصل الحادي عشر

عمليات المنظمة لاتصالات

مفهوم الاتصالات وأهميته.

عناصر الاتصال وأهدافه.

وظائف الاتصالات في المنظمات

أهمية وأهداف الاتصالات الادارة والمدير.

نماذج الاتصالات.

معوقات الاتصال الفعال.

الفصل الحادي عشر

(عمليات المنظمة)

الاتصالات

يعد الاتصال بمثابة النظام الفعال الذي يـربط كافـة أجـزاء المنظمـة في المسـتويات الإداريـة المختلفة، أو يربط كافة أجزاء المنظمة ببعضها البعض، وتتحـق عمليـة التفاعـل فـيما بينهـا لتكـون النظام الكلي للمنظمة. أي أن الاتصال يعد بمثابة الطاقـة المحركـة لكافـة عنـاصر المنظمـة ونظمهـا الفرعية ضمن إطار التكامل الكلي ولتحقيق أهداف معينة.

فالقيادة لا تتحقق وكذلك اتخاذ القرارات والتخطيط والتنظـيم والرقابـة، ومعرفـة الـدوافع جميع هذه العمليات لا تتحقق إلا إذا تم الاتصال بين الأطراف ذات العلاقة بها.

مفهوم وأهمية الاتصالات

يعرف الاتصال بأنه: تلك العملية الادارية التي من خلالهـا يـتم نقـل المعلومـات والبيانـات، والاوامر والتوجيهات من المتصل الى المتصل إليه.

ويمكن تعريفه أيضاً بأنه: " عملية يتم بواسطتها نقل رسائل من شخص لآخر"، أو كما يعرفه هوبكنز وميرسون بأنه: " عملية يتم من خلالها تعـديل السـلوك الـذي تقـوم بـه الجماعـات داخـل التنظيمات وبواسطة تبادل الرسائل لتحقيق أهداف المنظمة".

وبوجه عام فإن الاتصال يتحقق فقط عندما تكون هناك رسالة مرسلة من مرسل الى مرسـل إليه، ويمكن أن تكون في شكل مكتوب أو محادثة شفوية

أو إشارة معينة أو طريقة مشي، أو طريقة نظريات الأعين، أو ابتسامة، أو طريقة غير عادية، وهـذه الرسالة إن لم تصل الى المرسل إليه عملية الاتصال لم تتم.

أما أهمية الاتصالات فتظهر في أن جميع أنشطة المشروع عـادة تنفـذ مـن خـلال اتخـاذ قرارات روتينية أو قرارات غير روتينية، وهذه القرارات لا تنتقل إلى الواقع الفعلـي للتنفيـذ إلا مـن خلال الاتصال.

كما أن اللاتصال تأثيراً مباشراً وفعالاً على أداء العاملين، فمـن خلالـه يعرفون مـاذا يعملون وكيف يعملون في اقسامهم وبالاتصال يمكن أن يـؤثر نظـام الـدوافع والقيـادة ونظم الحـوافز علىالعاملين، ويؤثر على درجة رضاهم وعلى كيفية أدائهم.

عناصر الاتصال

تتألف عملية الاتصال من العناصر الاتية:

1. المرسل: هو الشخص (أو مجموعة أشخاص) الذي يود نقل الرسالة الى طرف آخر، وتتأثر عملية الاتصـال بمـدى فهمـه وتفسيره للامـور والأفكـار ومسـتوى إدراكـه وخبرته وميوله واتجاهاته وقيمة وحاجاته الشخصية.

2. الرسالة: هي عبارة عن الرموز التي تحملها أفكار ومعلومـات وآراء المرسـل ولهـا عـدة أشكال مثل الكلمـات – الحركـات-الأصـوات- الحـروف- الأرقـام والصـورة السكون – تعبيرات الوجه والجسد والصوت. . . وغيرها إذ يجب أن تصاغ الرسالة بما ينتقل المعنى أو المغزي الأساسي منها.

3. الوسيلة: ضرورية في فهم الرسالة، لذا وجب اختيارها بعناية لتكون أكثر تأثيراً وتعبيراً، ومنها الوسائل الشفهية والمكتوبة ويمكن أن نصنفها الى الوسائل الرسمية والوسائل غير الرسمية.

4. المرسل إليه (المستقبل): هو الشخص الذي يستقبل الرسالة من خلال الحواس المختلفة، والرسالة تتأثر أيضا بمستوى إدراك المرسل إليه وشخصيته ودوافعه وأهدافه.

بوجه عام تهدف عملية الاتصال الى تبادل المعلومات بين الأفراد بصورة عامة، أما في المنظمات فيكون هدفها السعي لتحريك سلوك الفرد، ويقصد بذلك السلوك في منظمات العمل، أي السلوك الذي يؤدي الى الأداء الجيد للعمل.

وظائف الاتصال في المنظمات

تحقق عملية الاتصال مجموعة منالوظائف يمكن حصرها في الاتي:

1. الجانب الانفعالي (العاطفي): يدخل الجانب العاطفي في أغلب ما يتناقله الأفراد، حيث يتبادل الأفراد العاملون مشاعر افحباط والرضا وعلاج الغموض والالتباس المرتبط بالعمال عبر الاتصال الرسمي وغير الرسمي.

2. الدافعية: إن الاتصال يساهم في دفع وتوجيه وتقويم أداء العاملين في المنظمة، حيث تتطلب كل النشاطات اتصالات مثل إصدار الأوامر – المكافأة – الاداء – المراجعة- تقوم الأداء- تخصيص المهام والوظائف – التدريب.

3. المعلومات: يوفر الاتصال المعلومات لعملية اتخاذ القرارات وتركيز أعلى معالجة المعلومات وتحسين مستوى ودقة قنوات الاتصال في نقل المعلومات المطلوبة من إلى الأفراد.

4. الرقابة: إن المنظمات تسعى التحكم في نشاطات الأفراد من خلال التنظيم واستخدام قنوات الاتصال الرسمية بمعنى أنه يتم اتخاذ القرارات وأداء الأعمال عن طريق الاتصالات الرسمية، لذا هو وسيلة أساسية للرقابة في المنظمة.

الأنماط المختلفة للاتصال:

1. النمط الأول (شكل العجلة): يتيح لشخص واحد أن يتصل ببقية المجموعة كاتصال المدير بمرؤوسه.

2. النمط الثاني (شكل الدائرة): كل شخص مرتبط بشخصين وقادر على الاتصال معها مباشرة، ويتصل بالبقية في المجموعة بواسطة أحدهما.

3. النمط الثالث (شكل السلسلة): جميع الأعضاء يكونون في خط واحد، حيث لا يستطيع أي منهم الاتصالات الا بالشخص الذي يليه إلا من كانوا في الوسط لأنهم يمثلون مراكز مهمة.

4. النمط الرابع (شكل الكامل المتشابك): يتيح لكل أفراد المنظمة أو التنظيم الاتصال المباشر بأي فرد فيها، وهذا النوع يؤدي الى حدوث بعض التحريف والبطء في توصيل المعلومات وصعوبة الوصول الى قرارات فاعلة وسليمة.

أهمية وأهداف الاتصالات للادارية والمدير

يؤكد هنري منتزبرج (1975 م) أن الادارة الحديثة لا تهتم فقط بالوظائف التقليدية للادارة من تخطيط وتنظيم وتوجيه ورقابه وإنما تهتم أكثر بالطريقة التي يعمل بها المدير ويقضي ـ بها وقته ويؤدي بها عمله. إن

الاتصالات تعد وسيلة المديرين في إدارة أنشطتهم الادارية، وفي إدارة وتحقيق أهداف المنظمة وذلك باعتبار أن الاتصالات تساعد في :

1. تحديد الهداف الواجب تنفيذها.
2. تعريف المشكلات وسبل علاجها.
3. تقويم الأداء وإنتاجه العمل.
4. التنسيق بين المهام والوحدات المختلفة.
5. تحديد معايير ومؤشرات الداء.
6. إلقاء الأوامر والتعليمات.
7. توجيه العاملين ونصحهم وإرشادهم.
8. التأثير في الآخرين وقيادتهم.
9. حفز وتحميس العاملين.

كما أنه يمكن فهم أهمية وظيفة الاتصال من خلال الموقف الإداري الذي تظهر فيه الاتصالات، فقد يكون هذا الموقف بين المدير ومرؤوسيه، وهنا يكون الاتصال من أعلى الى أسفل أو بين المدير وزميله، وقد يكون بين المرؤسين ومديرهم، وهكذا يمكن أن نتعرف على أهمية الاتصال.

وهناك من يرى أن تنمية اتصالات ناجحة بين الأفراد في المنظمة على مختلفة المستويات من شأنه خلق علاقات طيبة وبالتالي تطور وتحسين في الأداء، إذ إنها تساعد على الوضوح الفكري بين سائر أفراد المنظمة وأقسامها ووجداتها على أهمية الاتصال.

نماذج الاتصال

ستوضح ذلك من علم النفس الاجتماعي، ونعرف الاتصال بأنه ينتقل به أحد الأفراد (المرسل) معنى معيناً للآخرين (المستقبل) وهذا يعني أن هناك معنى

محدداً مقصوداً في ذهن المرسل، فلا بد من استخدانم أي شيء أو أي تصرف كرمز يساعد في توصيل المعنى ومن الخطأ الاعتماد على تطابق الخواطر ويظهر بناءاً على ذلك نموذج الاتصال المعروف باسم نموذج التفاعل الرمزي، وفيما يلي توضيح لهذه النماذج.

أولاً: نموذج التفاعل الرمزي

إن نجاح الاتصال يعني التطابق الكامل بين المعنى المقصود والمعنى المدرك، لذا تستخدم الرموز لتساعد في توصيل المعني الى المتلقي، ومن الرموز: اللغة - تعابير الوجه والجسم - الملابس - تنغيم الصوت . . . وغيرها.

ويأخذ هذا النموذج جانبين:

1. **استخدام الرموز:** وهو النشاط الذي يقوم المرسل بموجبه بترجمة أفكاره الى مجموعة من الرموز، ويتأثر الاتصالات واختيار الرموز بشخصية المرسل وقيمه وحالته النفسية ودوافعه..

2. **التفسير الرمزي:** وهو الطريقة التي يترجم بها المتلقي الرمز حسب تأويله أو على أساس الرسالة المستلمة، لذا فإن شخصية المتلقي وقيمه ودوافعه وحالته النفسية تؤثر في حل الرموز وتفسيرها، وعلى ذلك يجب أن يوخذ في الاعتبار ما يلي:

أ. أن يتم تحديد افطار الذي يتم فيه الاتصال أي معرفة المصدر والمستقبل ومعرفة كل منهم بالاخر.

ب. لا بد للمرسل أن يأخذ المتلقي في الاعتبار إذا أراد تحقيق فعالية الاتصالز

ثانيا: النموذج المتكامل للاتصال في المنظمات

وفي هذا النموذج عملية الاتصالات يتم بموجبها نقل المعلومات ومن الممكن أن تكون وسيلة نقل المعلومات شفهية أو مكتوبة غير ذلك، وبها مجموعة من وسائل الاتصال، ومن جهة أخرى لا يوجد تطابق مباشرة بين نظام الاتصال والسلوك والأداء، حيث تؤثر مدركات الدور ومعقوات الاتصال والتأويل الشخصي في وضع الاتصال على السلوك والأداء. إن الخصائص الفردية ونظم الدافعية تلعب دوراً رئيساً في الاتصال والتطابق بين ما يعنيه المدير والمضمون المدرك للرسالة ودرجة فاعلية الاتصال التي تم تحقيقها، والشكل التالي يوضح نموذجاً شاملاً للاتصال.

معوقات الاتصال الفعال

تنقسم الى قسمين:

1. التحريف في المعلومات المنقولة: ممثلة في الهفوات التي ينشأ عنها خطأ في التفسير أو معان غير مقصود، ومن أمثلة هذه المعقوقات:

أ. خصائص المتلقي: خصائصه الفردية كشخصيته وميوله، ودوافعه. . . الخ.

ب. الإدراك النتقائي: يتمثل في غض النظر عن بعض المعلومات، الاهتمام بأخرى مما يؤدي الى تباين فهم الرسالة.

ج. المشكلات اللغوية: إن بعض الكلمات والعبارات لها معانٍ متعددة تحتمل تفسيرات مختلفة، أو يكون لدى المجموعات المختلفة لغة فنية أو اصطلاحية خاصة بهما.

د. ضغوط الوقت: ضيق الوقت قد يؤدي الى تحريف في المعلومات المتبادلة.

2. الإفراط في حجم المعلومات: حيث إن كثرة المعلومات المتوفرة حينما يتم الاهتمام بها جميعها فإن العمل الفعلي لأي منظمة لن يؤدي مطلقاً.

وهناك تقسيمات أخرى لمعوقات الاتصال منها: معوقات تنظيمية تتمثل في عدم التطابق بين التنظيم المخطط والتنظيم الموجود فعليا، وعدم معرفة أغلبية العاملين بالمهام الموكلة إليهم، إضافة الى المعوقات الاجتماعية والنفسية نتيجة اختلاف العوامل النفسية والاجتماعية للعاملين في المنظمة، وطرق تعامل الإدارة مع الاتصالات وعدم قدرتها على ايجاد نظام فعال للاتصال.

الفصل الثاني عشر

التطوير والتغيير التنظيمي

مفهوم التطوير والتغير التنظيمي.

أهداف التطوير والتغيير التنظيمي.

أسباب التطوير والتغيير التنظيمي.

مقاومة التغيير.

التغلب على نقاومة التغيير.

استيراتيجية التطوير والتغير التنظيمي.

الفصل الثاني عشر

التطوير والتغيير التظيمي

أرتبطت مفاهيم التطوير والتغيير في التنظيم بالسلوك التنظيمي انطلاقاً من أن أساس هذا التطوير يقوم على فهم سلوك الفرد والجماعة، ومحاولة تعديل هذا السلوك لما فيه خدمة أهداف المنظمة وبما يقتضي ذلك من تطوير أو تغيير، أو بحسب المقولة الشهيرة أن لكل ساعة حقائقها"، أو بحسب تعبير صاموئيل باتلر بالقول: كل من ينصاع ضد رغبته لشيء ما يظل على رأيه الشخصي- في النهاية "تنمية التظيم وفقاً لمتطلبات التغير ومحدداته ينبغي أن تحقق تغييرات إيجابية في سلوك العاملين واستجابة لتحقيق الأهداف على أفضل نحو.

وتأتي أهمية التطوير والتغيير التنظيمي كنتائج لحركة التطور والتغير المتسارعة في واقع البيئة الإدارية من جانب، ومتغيرات البيئة الخارجية الضاغطة من جانب آخر، وبذلك فإن مقتضيات التغيير تفرض من جانبين: الأول داخلي والثاني خارجي أو كليهما معاً، كما تحقق عملية التطوير والتغيير التنظيمي كسراً للجمود والروتين الذي تعيشه المنظمات، وتتجه نحو تفعيل حركتها واستجابتها السريعة للمتغيرات التي تشكل فرصاً أو تهديدات لنشاطها.

مفهوم التطوير والتغير التنظيمي

يعرف التطوير والتغيير التنظيمي على أنه:" جهد شمولي مخطط يهدف الى تغيير وتطوير العاملين عن طريق التأثير في قيمهم ومهاراتهم وأنماط سلوكهم وعن طريق التكنولوجيا المستعملة وكذلك العمليات والهياكل التنظيمية وذلك

سبيل لتطوير الموارد البشرية والاجتماعية أو تحقيق الأهداف التنظيمية أو الهدفين معاً"

كما يعرفه وارن بين بأنه:" استيراتيجية متطورة للتعليم تستهدف تغيير العقائد والاتجاهات والقيم، وكذلك الهياكل التنظيمية لتتناسب مع الاحتياجات الجديدة وتستطيع التعايش مع التحديات التي تفرضها التغيرات الهائلة في البيئة الاجتماعية والثقافية والاقتصادية".

وهناك تعريف آخر للتطوير والتغيير التنظيمي وهو: أنه محاولة طويلة المدى لإدخال التطوير والتغيير بطريقة مخططة معتمدين في ذلك على أسلوب تشخيص المشكلات بطريقة يشارك فيها أعضاؤه بصورة جماعية.

وحسب معرفتنا أن الكفاءة تحديداً هي نتاج لتنظيم العمل وجعله روتينياً، فالوظائف تترابط فيما بينهما عند حدودها، ومن ثم فإن الموظف (أ) يسير عمل الموظف (ب) الذي ينسجم بدورة مع أنشطة الموظف (ج)، وهذا ما ينبغي إدراكه كأساس للأداء والتطوير أو التغيير اللازم.

أهداف التطوير والتغير التنظيمي

كون التطوير والتغيير التنظيمي عملية إدارية ذات تكلفة، فلا بد من أن يكون لها عدد من الأهداف تبرز تلك التكلفة الموجهة لأغراض التطوير والتغير، وتتمثل هذه الأهداف فيما يلي:

1. إشاعة قواعد الثقة بين الأفراد المكونين للجماعات، وبين الجماعات المتفرعة في جميع أقسام المنظمة ووحداتها وعلى جميع مستوياتها الإدارية.
2. إيجاد مناخ لحل جميع المشكلات في مختلف حلقات العمل داخل المنظمة، وتوضيح اختلافات الرأي بصراحة ووضوح سواء بين

الجماعة الواحدة أو بين الجماعات المختلفة، وليحل هذا المناخ محل الاتجاه الخاص فإخفاء المشكلات أو تحميلها للاخرين.

3. تحديد مسؤولية اتخاذ القرارات وحل المشكلات، بحيث تكون أقرب ما يمكن لمصادر المعلومات وللجهات المباشرة المختصة بقدر الإمكان، وذلك بدلاً من تركيزها في وظيفة معينة أو عند مستوى إداري معين.

4. زيادة درجة الانتماء للمنظمة ولأهدافها.

5. المساهمة في ايجاد علاقات تبادلية وتكاملية بين العاملين كأفراد أو جماعات، وتشجيع روح المنافسة بين الفريق الواحد للعمل، من حيث إدارتها وتوجيهها لصالح المنظمة وتفادي آثار السيئة.

6. زيادة درجة الإحساس بديناميكية (حركية) الجماعة ونتائجها المحتملة على الأداء من خلال تعميق الصلات بين الأفراد وزيادة معرفتهم بما يحدث بين أعضاء الجماعة أثناء عملها لتنفيذ مهامها وممارستها لـ (الاتصالات، التأثير، المشاعر المتبادل، نماذج القيادة وصراعاتها، أساليب إدارية الصراع. . . الخ.

7. زيادة الاحساس لدى العاملين بالملكة وضرورة الحفاظ عليها والأهداف التنظيمية.

8. مساعدة المشرفين الاداريين على تبني الأساليب الادارية الحديثة، كافدارة بالهداف، بدلاً من اعتمادهم على خبراتهم الشخصية وتبنيهم لأساليب أقل فاعلية، مثل الادارة بالزمات.

9. تشجيع العاملين ورفع قدرتهم على ممارسة الرقابة الذاتية والاعتماد عليها كأساس للرقابة الخارجية ومكمل لها.

ويمكن تلخيص أهداف التطوير التنظيمي والأساليب التي تترتب على الهدف وما إذا كان محتوى عملية التغيير معارف ومعلومات جديدة، أو تغير في السلوك بالشكل التوضيحي التالي:

يوضح أهداف التطوير التنظيمي

المهدف من التغير	أسلوب التغيير	محتوي عملية التغيير معرفة / سلوك
تغيير سلوكي طفيف تغيير في انماط التفاعل تغيير في التوقيعات التي يمليها الدور الوظيفي تغيير في القيم والاتجاهات تغيير في الدوافع والحاجة للانجاز والانتماء للجماعة تغير رئيس في السلوك	تغيير في البرامج والميزانيات وانظمة الاتصالات وطرق العمل برامج إدارية تدريبية، تغيير في هيكل السلطة، نظام جديد للعمل، تعديل في المهام تغيير نظم النكأفآت، واتباع أساليب جديدة في القيادة أو تعديل الأساليب القديمة. اتباع معايير جديدة في التعيين واستبدال بعض العاملين، تغيرات رئسية في الاستراتيجيات.	معرفة سلوك

ومن وجهة نظر الندير فإن الحاجة الى التغيير تظهر لا تسير الأمور بالطريقة المطلوبة، أو أن هناك مشكلة مرتبطة بالانتاج أو التسويق، وعندما تكون المخرجات دون المستوى المطلوب، كذلك عند ظهور جو من عدم الرضا، أو أن العملاء أبدوا نوعاً من الاتياء والاحتجاج على الخدمة أو الانتاج المقدم لهم، وعدم تعامل المديرين مع المتطلبات التغيير والتطوير قد تجعلهم يتراجعون عن كونهم قادة قادرين على الاستمرار ومؤثرين في الحداث وصانعين للمستقبل، وبالتالي فهم لا يستطيعون ان يذهبوا ادراج الرياح مصطلحبين معهم الفشل.

وقد عرفنا ان ان المنظمة كائن حي يمكن أن تصاب بالتلف والترهل أو تتعرض للخلل الدائم إذا لم تتعرض للصيانة والترميم المتمثل بالتغيير والتطوير أو إعادة البناء، وهكذا ينبغي أن تتركز قدرة القائدة أو المدير عند مواجهة التغيير على ما يلي:

1. استشعار حاجة التغيير والتطوير والتفاعل معها بدلاً من مقاومة الفعل التغييري برد فعل سلبي.
2. تشخيص طبيعة التغيير والحاجة إليه ومتطلباته بدلاً من الاستجابة الارتجالية للحديث بما يحقق النتائج المرجوة.
3. العمل بذكاء وحنكة وسرعة لازمة لتحقيق الخطوات العملية في التغيير بدلاً من البحث عن الحلول السريعة غير الناجعة هروباً من المشكلة.

هناك بعض القادة الذين يحاولون التغيير يتناسبون أحياناً أم أمامهم بدلاً ما يمثل نظاماً اجتماعياً يمكنه التأثير بالتغيرات التكنولوجية البحتة، وأي بدائل تغيير أخرى يتطلبها النظام مثل مجموعة من علاقات الصداقة، وغيرها من العلاقات قد يؤدي الى ايجاد شروط أفضل للعمل وللنجاح.

الطريقة الكثر فعالية لضمان تحقيق التغيير بأقل قدر من المقاومة هي إشراك المتأثرين به في إطار الشفافية الادارية، إذ يمكن لهؤلاء الاشتراك في جمع المعلومات اللازمة لاتخاذ قرارات التغيير وتبعاتها، وإشتراكهم كذلك في مناقشة وصناعة قرارات التغيير، إن استخدام أسلوب كهذا سيؤدي الى التقليل من المقاومة التغيير وتوسيع مساهمة الأفراد في تحقيق التغيير المطلوب.

فالسلطة والقوة الشخصية تعد من العوامل الرئيسة اللازم توافرها في الشخص الراغب في التغيير، فالشخص الذي لا يملك القوة والارادة اللازمة لإحداث التغييرات فإنه حتما سيكون عاجزاً عن تحقيق الأهداف المطلوبة، فالشخص ذو الارادة القوية هو الذي يستطيع أن يحدث التغيير المطلوب وبأقل قدر من ردود الأفعال أو المقاومة، ولكن هنا لا ينبغي فهم القوة على أنها تلك المستمدة من السلطة الادارية فحسب، بل هي تلك المستمدة من مجموعة الخصائص التي تمكن المدير أو القائدة الاداري من تحقيق أهداف التغيير بأقل ما يمكن من المقاومة أو ردود الفعل. وتمر عملية التغيير ببعض الخزات الاساسية، والمتمثلة فيما يلي:

تشخيص المشكلة: لابد من معرفة طبيعة المشكلة وإعادة الى أصولها أو مسبباتها وتبين الأسباب التي أوجدتها وتقسيمها الى أسباب رئيسة وأسباب قانوية.

إكل هذه التغييرات تكتسب خاصية استيراتيجية تتطلب معلومات ذات طبيعة استيراتيجية على النحو نفسه، وتتم عملية التغير من خلال منظومة إجراءات طويلة تنتج معها عملية مقاومة شديدة، ولا بد من معرفة أن عملية كهذه يمكن أن تشمل كل حلقات العمل في المنظمة، أي أنها لا تقتصر على إحداث تغييرات في النظام الكلي بل أيضاً اتصال بتأثيراتها إلى الانظمة الفرعية المكونة للنظام الكلي.

فالتطوير والتغيير التنظيمي يتعامل مع المنظمة بوصفها مكوناً عضوياً يتضمن مدخولات يتم التأثير عليها عبر مجموعة من العمليات الانتاجية أو السلوكية أو التنظيمية، يتحصل منها على مخرجات في صورة سلع أو خدمات تمثل هدفاً للنشاط العام للمنظمة، وهذه العلاقة بيم مجموع هذه العناصر تتم في إطار المتغيرات البيئية المتفاعلة داخل إطار المجتمع الكلي، ومن هذه العناصر ما يلي:

1. هناك علاقة بين المنظمة كنظام مفتوح وبين وحدات النظام الأكبر (البيئة السياسية والثقافية والاجتماعية والاقتصادية والمادية).
2. تتوقف قدرة المنظمة على على القيام بوظائفها وتحقيق أهدافها على فاعلية العلاقة بينها وبين البيئة الخارجية التي تعيش في إطارها.
3. وجود المنظمة يكون محدوداً بقيامها بمجموعة من الوظائف المعينة، وإذا لم تستطع المنظمة القيام بهذه الوظائف المطلوبة فإن بقاءها يكون مهدداً.
4. يجب أن تتعرف المنظمة على مختلف المؤثرات على نشاطها وفاعلية أدائها لوظائفها سواءٌ كان هذا التأثير سلبياً أو ايجابياً.

وبوجه عام فإن مجموع تلك العوامل بتداخلاتها ومتطلبات التغيير وكيفية تحقيقه وكذلك طرق ووسائل التشخيص، كل هذه المنظومة من الأداء تساعد رجل الادارة على تركيز انتباهه على طبيعة الدور المطلوب، وكيفية التغلب على الصعوبات بما فيه الصعوبات المفاجئة الناتجة عن سير العمل،÷ كما تساعد على ايجاد طرق تأثير أكثر جذرية تساعد على انتاج التطوير والتغير بالاستناد الى الأداء الثابت للمديرين وفي ظل الصراع الناشىء بينهم داخل التنظيم وصولاً الى بناء التنظيم الفعال بوصفه هدفاً نهائياً.

وللتغير مجالات عديدة يمكن حصرها فيما يلي:

1. التغييرات في قيم واتجاهات الأفراد العاملين في مختلف الوظائف، مثل تنمية قيم التعاون وحب العمل، واتجاهات المشاركة في اتخاذ القرارات... الخ.

2. التغييرات في قيم واتجاهات الأفراد العاملين في مختلف الوظائف، مثل تنمية قيم التعاون وحب العمل، واتجاهات المشاركة في اتخاذ القرارات.

3. التغييرات في المهام والوظائف: مثل إعادة تصميم إجراءات العمل، وإعادة بناء واجبات الوظائف المختلفة في التنظيم، أو دمج بعض الوظائف والمهام أو تقسيمها.

4. التغييرا في الهياكل التنظيمية: مثل إعادة توزيع السلطة على الوظائف في المستوى الاداري الواحد، وإعادة بناء الصلاحيات للوظائف المختلفة، والشكل يوضح مجالات التغير والتطوير التنظيمي.

وبوجه عام فإن التغيير يشمل ما يلي:

1. التدخل لإعادة النظام إلى حالة التوازن.

2. عمليات إعادة الهيكلة لتحسين أداء النظام.

3. عمليات إعادة التنظيم الكبيرة، استجابة ومواجهة لعيوب خطيرة في إطار العمل الداخلي أو مشاكل خارجية جديدة.

أسباب التطوير والتغيير التنظيمي

اجمع الباحثون والمختصون في مجال الادارة على أن هناك سببين رئيسيين يدفعان نحو التطوير والتغير التنظيمي. ويتمثلان فيما يلي:

1. عوامل ذات علاقة بالبيئة الخارجية: يمكن حصرها فيما يلي:

أ. المتغيرات السياسية الاقتصادية: سواء كانت هذه المتغيرات سلبية أو إيجابية فإنها تستدعى قيام المنظمات بإحداث بعض التغيير للتكيف مع طبيعة المتغيرات بهدف خلق توازن ايجابي بين منظمة والمستجدات السياسية والاقتصادية.

ب. المتغيرات الاجتماعية والثقافية والحضارية: سواء كانت هذه المتغيرات ذات علاقة بالقيم أو العراف والتقاليد، أو بتقاليد العمل، فإن المنظمات العاملة في هذا المجتمع عليها إحداث تغييرات تستجيب بصورة إيجابية لهذه المتغيرات.

ج. التغيرات في القوانين والنظمة والتشريعات: هناك جملة من التغييرات التي يمكن أن تحدثها الحكومة أو مجالس المحافظات، أو مجالس الادارة في المنظمات، فعلى المنظمات أن تستجيب لهذه التغييرات بصورة أيجابية بما يساعدها على الاستقرار والاستمرار.

د. التغييرات التكنولوجية: سواءً كانت هذه المتغيرات بطرق الانتاج أو وسائله فهي ذات تأثير على تحقيق كفاءة تشغيل عالية وتحسين نوعية المنتجات، وعلى المنظمة أن تأخذ بهذه المتغيرات حتى لا تتخلف عن التطورات التي يمكن أن توجد أمامها ضغوطاً تنافسية كبيرة من المنظمات المشابهة.

٥. التغييرات في حاجات وأذواق المستهلكين: إذ إن التطلعات الدائمة للمستهلكين وما ينتظرونه لإشباع حاجاتهم وأذواقهم يفرض على المنظمات إحداث تغييرات في طبيعة منتجاتها استجابة لهذه التطلعات والرغبات لدى المستهلكين.

2. عوامل ذات علاقة بالبيئة الداخلية: ترتبط المتغيرات بطبيعة المنظمة وهيكلها وأساليب عملها وسياساتها وإجراءاتها المتبعة لتحقيق أهدافها وما إلى ذلك، ويمكن توضيحها فيما يلي:

أ. ضرورة تغيير أساليب الادارة المتبعة وتطويرها بما ينسجم مع التطورات والمستجدات الجديدة.

ب. إدراك الحاجة الى التنسيق والتوازن والتكيف فيما بين عناصر المنظمة الداخلية ومتطلبات نشاطها.

ج. تحسين وزيادة التعاون والتنسيق بين الأفراد وجهودهم وتعزيز وجود علاقات فريق العمل اواحد.

د. إدراك الحاجة الى تغيير الهيكل التنظيمي واللوائح والأنظمة المسيرة للعمل، بما يؤدي الى خلق المرونة الكافية في الهيكل وصولاً الى تمكينه من إحداث التغييرات فيه استجابة لمتطلبات الحاجة الى التغيير.

٥. إدراك الحاجة الى التغيير الجزئي أو الكلي في الأهداف أو اعادة صياغتها بما يحقق المرونة اللازمة في تحقيقها وبأقل التكاليف.

مقاومة التغيير

ليس من السهولة بمكان إحداث التغييرات في أي جانب من الجوانب التي سلف ذكرها، فقد ينتج عن دعوة التغيير هذه ردود فعل تتمثل في صورة مقاومة للتغيير، ويمكن حصر أسباب هذه المقاومة فيما يلي:

1. أسباب اقتصادية وتتمثل فيما يلي:

- التخوف من البطالة التكنولوجيا.

- التخوف من خفض ساعات العمل المدفوعة.

- التخوف من التنزيل وتخفيض الحدود الدنيا للأجور.

- الخوف من رفع معدلات الانتاج المعيارية وتخفيض المكافآت والحوافز المادية.

2. أسباب شخصية وتتمثل فيما يلي:

- الاستياء من النقد غير المباشر بأن الطرق والأساليب المتبعة في العمل غير طافية.

- التخوف من أن مهارة العمل والفخر الشخصي للعامل قد ينخفض.

- توقع ازدياد التخصيص وما ينتج عنه من شعور بالملل والتكرار وانخفاض الشعور بقيمته.

- عدم الرغبة في بذل المجهود المطلوب لإعادة التعلم والتدريب على العمال الجديدة.

- التخوف من احتمال زيادة متطلبات العمل.

- التخوف من المجهول الذي لا يفهمه.

3. أسباب اجتماعية وتتمثل فيما يلي:

- عدم حب التكيف من جديد مع التغيير.
- لا يجب كسر وتغيير العلاقات الاجتماعية القائمة.
- التخوف من أن الموقف الاجتماعي الجديد قد ينتج عنه درجة أشباع أقل.
- لا يحب التدخل الخارجي أو بعض الاشخاص الذين يقدمون التغيير.
- بستاء من عدم المشاركة في احداث التغيير.
- ينظر الى التغيير على أنه صالح المنظمة عموماً أكثر مما هو في صالحه، أو في صالح زملائه العمال أو الصالح العام.

التغلب على مقاومة التغيير

المقاومة لها أسباب منها التخوف من الخسارة المادية أو المعنوية مثل سوء فهم آثار التغيير ومتطلبات تطوير علاقات وانماط سلوكية جديدة، إحساس العاملين أنهم استغلو أو أجبروا على التغيير، التعود على تأدية العمل بطريقة معينة، الرغبة في الاستقرار والتخوف من مخالفة معايير تفرضها الجماعة غير الرسمية، وكما هي موضحة سلفاً فإن هناك جهوداً ينبغي أن تبذل من أجل الحد من درجة ماومة التغيير يمكن تلخيص أهمها فيما يلي:

1. تخطيط الجهود اللازمة للتغيير: ويكون ذلك من خلال توضيح أهداف التغيير بشكل دقيق يمكن قياسه.
2. وضع استيراتيجيات التغيير: ويجب الأخذ بعين الاعتبار العناصر التي قد تتأثر بها أجزاء المنظمة وهي الهيكل التنظيمي (إعادة تصميم الوظائف وإعادة وصف الأعمال، تغيير الصلاحيات والمسؤوليات،

تغيير الشكل التنظيمي) والتكنولوجا (تعديل أساليب الانتاج، تغيير الآلات والأجهزة - إدخال الأتمتة للمنظمة) والقوى البشرية (التدريب أثناء العمل، ندوات تدريبية للقادة الاداريين، تنمية فرق العمل، توظيف جديد).

3. تنفيذ الخطة خلال مدة معينة.

4. متابعة تنفيذ الخطة ومعرفة نواحي القوة والضعف فيها.

استراتيجية التطوير والتغيير التنظيمي

إن التطوير والتغيير التنظيمي عملية ديناميكية منظمة تحتاج الى خطة طويلة المدى (استيراتيجية) لكي يتم تنفيذها بدقة وشمول لذا فإن استيراتيجية التطوير والتغيير التنظيمي يمكن حصرها في الخطوات اللازمة التالية:

1. جمع المعلومات والحقائق حول ظروف المنظمة في اقسامها التنظيمية الرئيسة، ويمكن استخدام الاستبيان أو المقابلات مع المديرين والموظفين والعاملين لجميع المعلومات حول أقسام وإدارات المنظمة والتعرف على الحقيقة فيها.

2. التغذية الاسترجاعية (المرتدة): وتعني الأخذ والعطاء والمتابعة وتبادل الرأي حول المعلومات بين الأعضاء الرئيسيين في المنظمة والتعرف على اتجاهات وقيم ومشاعرها العاملين في الادارات والأقسام وعلى ما إذا كانت هناك مشكلات أو خلافات في وجهات النظر أو حساسيات في الداء والانتاج.

3. تحديد الأهداف لحل المشكلات: ويعني ذلك وضع أهداف محددة لحل المشكلات أو الصعوبات التي تواجهها منظمة العمل ليسهل حل مثل هذه المشكلات.

4. اختيار الطريقة أو البديل المناسب لتطوير المنظمة: ويمثل ذلك في اختيار الأسلوب المناسب لتطوير منظمة: ويتمثل ذلك في اختيار الأسلوب المناسب لتطوير منظمة العمل، وذلك لتحقيق الأهداف.

5. استخدام الوسيلة وتطبيقها: وذلك يعني الجانب التطبيقي في استخدام أسلوب التطوير المقترح وتنفيذه.

6. تحديد الجانب الديناميكي المنجز: وهذا يعني توفير التوازن الديناميكي .

المراجع

- علي السلمي: السلوك التنظيمي، مكتبة غريب، القاهرة، 1979.

- علي السلمي: السلوك التنظيمي في الادارة.

- علي السلمي: السلوك التنظيمي في الادارة. دار المعارف. القاهرة، 1972م.

- د. نجيب اسكندر: السلوك الاجتماعي وتغيره، سلسلة الدراسات، المعهد القومي للادارة العليا، القاهرة، 1978.

- علي السلمي: تحليل النظم السلوكية، مكتبة غريب، القاهرة، بدون تاريخ.

- زكي هاشم: العلوم السلوكية، بدون دار نشر، الكويت، 1985.

- ابراهيم الغمري: السلوك التنظيمي، مدخل بناء المهارات، مركز التنمية الادارية الاسكندرية، 1997م.

- ناصر محمد العديلي: السلوك الانساني والتنظيمي، منظور مقارن، معهد الادارة العامة، الرياض، 1990.

- كامل محمد المغربي: مرجع سابق.

- خليل محمد حسن الشماع، خضير كاظم: نظرية المنظمة، دار المسيرة للنشر والتوزيع، عمان، 2001م.

- ناصر محمد العديلي: مرجع السابق.

- فريد فهمي زبارة: ادارة الأعمال، الأصول والمبادئ، مدخل وظائف المدير، مطبعة الشعب، عمان، 2000.

- كامل محمد المغربي: مرجع السابق.

- موسى اللوزي: التطوير التنظيمي، سلبيات ومفاهيم، دار وائل للنشر والتوزيع، عمان، 1999.

- خليل محمد حسن الشماع، خضير كاظم محمود: مرجع سابق.

- مهدي حسن زويلف: الادارة – نظريات ومبادئ، دار الفكر للطباعة والنشر والتوزيع، عمان 1999م.

- حامد أحمد رمضان.

- د. حنفي محمود سليمان – السلوك التنظيمي والأداء – دار الجامعات المصرية، الاسكندرية، بدون سنة نشر.

- نائل عبد الحفيظ العواملة: تطوير المنظمات (الهيال والأساليب) دار زهران للنشر والتوزيع – عمان.

Printed in the United States
By Bookmasters

T0113696